LUCRÈCE BORGIA,

DRAME EN TROIS ACTES,

PAR M. VICTOR HUGO,

Représenté pour la première fois, à Paris, le 2 février 1833, sur le théâtre de la Porte Saint-Martin.

PERSONNAGES.

DONA LUCREZIA BORGIA.
DON ALPHONSE D'ESTE.
GENNARO.
GUBETTA.
MAFFIO ORSINI.
JEPPO LIVERETTO.
DON APOSTOLO GAZELLA.
ASCANIO PETRUCCI.

OLOFERNO VITELLOZZO.
RUSTIGHELLO.
ASTOLFO.
LA PRINCESSE NEGRONI.
UN HUISSIER.
DES MOINES.
SEIGNEURS. PAGES. GARDES.

Venise. — Ferrare. — 15...

ACTE PREMIER.

PREMIÈRE PARTIE.

Une terrasse du palais Barbarigo, à Venise. C'est une fête de nuit. Des masques traversent par instants le théâtre. Des deux côtés de la terrasse, le palais splendidement illuminé et résonnant de fanfares. La terrasse couverte d'ombre et de verdure. Au fond, au bas de la terrasse, est censé couler le canal de la Zueca, sur lequel on voit passer par moments, dans les ténèbres, des gondoles chargées de masques et de musiciens, à demi-éclairées. Chacune de ces gondoles traverse le fond du théâtre avec une symphonie tantôt gracieuse, tantôt lugubre, qui s'éteint par degrés dans l'éloignement. Au fond, Venise au clair de lune.

SCÈNE I.

De jeunes seigneurs, magnifiquement vêtus, leurs masques à la main, causent sur la terrasse.

GUBETTA, GENNARO, *vêtu en capitaine*, DON APOSTOLO GAZELLA, MAFFIO ORSINI, ASCANIO PETRUCCI, OLOFERNO VITELLOZZO, JEPPO LIVERETTO.

OLOFERNO.

Nous vivons dans une époque où les gens accomplissent tant d'actions horribles qu'on ne parle plus de celle-là, mais certes il n'y eut jamais événement plus sinistre et plus mystérieux.

ASCANIO.

Une chose ténébreuse faite par des hommes ténébreux.

JEPPO.

Moi, je sais les faits, messeigneurs. Je les tiens de mon cousin éminentissime le cardinal Car- riale, qui a été mieux informé que personne. — Vous savez, le cardinal Carriale, qui eut cette fière dispute avec le cardinal Riario au sujet de la guerre contre Charles VIII de France?

GENNARO, *bâillant*.

Ah! voilà Jeppo qui va nous conter des histoires! — Pour ma part, je n'écoute pas. Je suis déjà bien assez fatigué sans cela.

MAFFIO.

Ces choses-là ne t'intéressent pas, Gennaro, et c'est tout simple. Tu es un brave capitaine d'aventure. Tu portes un nom de fantaisie. Tu ne connais ni ton père, ni ta mère. On ne doute pas que tu ne sois gentilhomme, à la façon dont tu tiens une épée; mais tout ce qu'on sait de ta noblesse, c'est que tu te bats comme un lion. Sur mon âme, nous sommes compagnons d'armes, et ce que je dis n'est pas pour t'offenser. Tu m'as sauvé la vie à Rimini, je t'ai sauvé la vie au pont de Vicence. Nous nous sommes juré de nous aider en périls comme en amour, de nous venger l'un l'autre quand besoin serait, de n'avoir pour ennemis, moi, que les tiens, toi, que les miens. Un astrologue nous a prédit que nous mourrions le même jour, et nous lui avons donné dix sequins d'or pour la prédiction. Nous ne sommes pas amis, nous sommes frères. Mais, enfin, tu as le bonheur de t'appeler simplement Gennaro, de ne tenir à personne, de ne traîner après toi aucune de ces fatalités, souvent héréditaires, qui s'attachent aux noms historiques. Tu es heureux! Que t'importe ce qui se passe et ce qui s'est passé, pourvu qu'il y ait toujours des hommes pour la guerre et des femmes pour le plaisir? Que te fait l'histoire des familles et des villes, à toi, enfant du drapeau, qui n'as ni ville ni famille? Nous, vois-tu, Gennaro? c'est différent. Nous avons droit de prendre intérêt aux catastrophes de notre temps. Nos pères et nos mères ont été mêlés à ces tragédies, et presque toutes nos familles saignent encore. — Dis-nous ce que tu sais, Jeppo.

GENNARO.
Il se jette dans un fauteuil, dans l'attitude de quelqu'un qui va dormir.
Vous me réveillerez quand Jeppo aura fini.

JEPPO.
Voici. — C'est en quatorze cent quatre-vingt...

GUBETTA, *dans un coin du théâtre.*
Quatre-vingt-dix-sept.

JEPPO.
C'est juste. Quatre-vingt-dix-sept. Dans une certaine nuit d'un mercredi à un jeudi...

GUBETTA.
Non. D'un mardi à un mercredi.

JEPPO.
Vous avez raison. — Cette nuit donc, un batelier du Tibre, qui s'était couché dans son bateau, le long du bord, pour garder ses marchandises, vit quelque chose d'effrayant. C'était un peu au-dessous de l'église Santo-Hieronimo. Il pouvait être cinq heures après minuit. Le batelier vit venir dans l'obscurité, par le chemin qui est à gauche de l'église, deux hommes qui allaient à pied, de çà, de là, comme inquiets; après quoi il en parut deux autres; et enfin trois; en tout sept. Un seul était à cheval. Il faisait nuit assez noire. Dans toutes les maisons qui regardent le Tibre, il n'y avait plus qu'une seule fenêtre éclairée. Les sept hommes s'approchèrent du bord de l'eau. Celui qui était monté tourna la croupe de son cheval du côté du Tibre, et alors le batelier vit distinctement sur cette croupe des jambes qui pendaient d'un côté, une tête et des bras de l'autre, — le cadavre d'un homme. Pendant que leurs camarades guettaient les angles des rues, deux de ceux qui étaient à pied prirent le corps mort, le balancèrent deux ou trois fois avec force, et le lancèrent au milieu du Tibre. Au moment où le cadavre frappa l'eau, celui qui était à cheval fit une question à laquelle les deux autres répondirent : Oui, monseigneur. Alors le cavalier se retourna vers le Tibre, et vit quelque chose de noir qui flottait sur l'eau. Il demanda ce que c'était. On lui répondit : Monseigneur, c'est le manteau de monseigneur qui est mort. Et quelqu'un de la troupe jeta des pierres à ce manteau, ce qui le fit enfoncer. Ceci fait, ils s'en allèrent tous de compagnie, et prirent le chemin qui mène à Saint-Jacques. Voilà ce que vit le batelier.

MAFFIO.
Une lugubre aventure! Était-ce quelqu'un de considérable que ces hommes jetaient ainsi à l'eau? Ce cheval me fait un effet étrange; l'assassin en selle, et le mort en croupe!

GUBETTA.
Sur ce cheval il y avait les deux frères.

JEPPO.
Vous l'avez dit, monsieur de Belverana. Le cadavre, c'était Jean Borgia; le cavalier, c'était César Borgia.

MAFFIO.
Famille de démons que ces Borgia! Et dites, Jeppo, pourquoi le frère tuait-il ainsi le frère?

JEPPO.
Je ne vous le dirai pas. La cause du meurtre est tellement abominable, que ce doit être un péché mortel d'en parler seulement.

GUBETTA.
Je vous le dirai, moi. César, cardinal de Valence, a tué Jean, duc de Gandia, parce que les deux frères aimaient la même femme.

MAFFIO.
Et qui était cette femme?

GUBETTA, *toujours au fond du théâtre.*
Leur sœur.

JEPPO.
Assez, monsieur de Belverana. Ne prononcez pas devant nous le nom de cette femme monstrueuse. Il n'est pas une de nos familles à laquelle elle n'ait fait quelque plaie profonde.

MAFFIO.
N'y avait-il pas aussi un enfant mêlé à tout cela?

JEPPO.
Oui, un enfant dont je ne veux nommer que le père, qui était Jean Borgia.

MAFFIO.
Cet enfant serait un homme maintenant.

OLOFERNO.
Il a disparu.

JEPPO.
Est-ce César Borgia qui a réussi à le soustraire à la mère? Est-ce la mère qui a réussi à le soustraire à César Borgia? On ne sait.

DON APOSTOLO.
Si c'est la mère qui cache son fils, elle fait bien. Depuis que César Borgia, cardinal de Valence, est devenu duc de Valentinois, il a fait mourir, comme vous savez, sans compter son frère Jean, ses deux neveux, les fils de Guifry Borgia, prince de Squillaci, et son cousin, le cardinal François Borgia. Cet homme a la rage de tuer ses parents.

JEPPO.
Pardieu! il veut être le seul Borgia, et avoir tous les biens du pape.

ASCANIO.
La sœur que vous ne voulez pas nommer, Jeppo, ne fit-elle pas à la même époque une cavalcade secrète au monastère de Saint-Sixte pour s'y renfermer, sans qu'on sût pourquoi?

JEPPO.
Je crois que oui. C'était pour se séparer du seigneur Jean Sforza, son deuxième mari.

MAFFIO,

Et comment se nommait ce batelier qui a tout vu ?

JEPPO.

Je ne sais pas.

GUBETTA.

Il se nommait Georgio Schiavone, et avait pour industrie de mener du bois par le Tibre à Ripetta.

MAFFIO, *bas à Ascanio.*

Voilà un espagnol qui en sait plus long sur nos affaires que nous autres romains.

ASCANIO, *bas.*

Je me défie comme toi de ce monsieur de Belverana. Mais n'approfondissons pas ceci ; il y a peut-être une chose dangereuse là-dessous.

JEPPO.

Ah ! messieurs, messieurs ! dans quel temps sommes-nous ? Et connaissez-vous une créature humaine qui soit sûre de vivre quelques lendemains dans cette pauvre Italie avec les guerres, les pestes et les Borgia qu'il y a.

DON APOSTOLO.

Ah ça, messeigneurs, je crois que tous, tant que nous sommes, nous devons faire partie de l'ambassade que la république de Venise envoie au duc de Ferrare pour le féliciter d'avoir repris Rimini sur les Malatesta. Quand partons-nous pour Ferrare ?

OLOFERNO.

Décidément, après-demain. Vous savez que les deux ambassadeurs sont nommés. C'est le sénateur Tiopolo et le général des galères Grimani.

DON APOSTOLO.

Le capitaine Gennaro sera-t-il des nôtres ?

MAFFIO.

Sans doute ! Gennaro et moi nous ne nous séparons jamais.

ASCANIO.

J'ai une observation importante à vous soumettre, messieurs ; c'est qu'on boit le vin d'Espagne sans nous.

MAFFIO.

Rentrons au palais. — Hé ! Gennaro !

A Jeppo.

— Mais c'est qu'il s'est réellement endormi pendant votre histoire, Jeppo.

JEPPO.

Qu'il dorme.

Tous sortent, excepté Gubetta.

SCÈNE II.

GUBETTA, GENNARO, *endormi.*

GUBETTA, *seul.*

Oui, j'en sais plus long qu'eux ; ils se disaient cela tout bas. J'en sais plus qu'eux, mais dona Lucrezia en sait plus que moi, monsieur de Valentinois en sait plus que dona Lucrezia, le diable en sait plus que monsieur de Valentinois, et le pape Alexandre-Six en sait plus que le diable.

Regardant Gennaro.

— Comme cela dort, ces jeunes gens !

Entre dona Lucrezia, masquée. Elle aperçoit Gennaro endormi, et va le contempler avec une sorte de ravissement et de respect.

SCÈNE III.

GUBETTA, DONA LUCREZIA, GENNARO *endormi.*

DONA LUCREZIA, *à part.*

Il dort ! — Cette fête l'aura sans doute fatigué ! — Qu'il est beau !

Se retournant.

— Gubetta !

GUBETTA.

Parlez moins haut, madame. — Je ne m'appelle pas ici Gubetta, mais le comte de Belverana, gentilhomme castillan ; vous, vous êtes madame la marquise de Pontequadrato, dame napolitaine. Nous ne devons pas avoir l'air de nous connaître. Ne sont-ce pas là les ordres de votre altesse ? Vous n'êtes point ici chez vous ; vous êtes à Venise.

DONA LUCREZIA.

C'est juste, Gubetta. Mais il n'y a personne sur cette terrasse, que ce jeune homme qui dort : nous pouvons causer un instant.

GUBETTA.

Comme il plaira à votre altesse. J'ai encore un conseil à vous donner, c'est de ne point vous démasquer. On pourrait vous reconnaître.

DONA LUCREZIA.

Et que m'importe ? S'ils ne savent pas qui je suis, je n'ai rien à craindre ; s'ils savent qui je suis, c'est à eux d'avoir peur.

GUBETTA.

Nous sommes à Venise, madame ; vous avez bien des ennemis ici, et des ennemis libres. Sans doute la république de Venise ne souffrirait pas qu'on osât attenter à la personne de votre altesse ; mais on pourrait vous insulter.

DONA LUCREZIA.

Ah ! tu as raison ; mon nom fait horreur, en effet.

GUBETTA.

Il n'y a pas ici que des Vénitiens ; il y a des Romains, des Napolitains, des Romagnols, des Lombards, des Italiens de toute l'Italie.

DONA LUCREZIA.

Et toute l'Italie me hait ! Tu as raison ! Il faut pourtant que cela change. Je n'étais pas née pour faire le mal, je le sens à présent plus que jamais. C'est l'exemple de ma famille qui m'a entraînée. — Gubetta !

GUBETTA.

Madame.

DONA LUCREZIA.

Fais porter sur-le-champ les ordres que nous allons te donner dans notre gouvernement de Spolette.

GUBETTA.

Ordonnez, madame ; j'ai toujours quatre mules sellées et quatre coureurs tout prêts à partir.

DONA LUCREZIA.

Qu'a-t-on fait de Galeas Accaioli ?

GUBETTA.

Il est toujours en prison, en attendant que votre altesse le fasse pendre.

DONA LUCREZIA.

Et Guifry Buondelmonte ?

GUBETTA.

Au cachot. Vous n'avez pas encore dit de le faire étrangler.

DONA LUCREZIA.
Et Manfredi de Curzola?
GUBETTA.
Pas encore étranglé non plus.
DONA LUCREZIA.
Et Spadacappa?
GUBETTA.
D'après vos ordres, on ne doit lui donner le poison que le jour de Pâques, dans l'hostie. Cela viendra dans six semaines, nous sommes au carnaval.
DONA LUCREZIA.
Et Pierre Capra?
GUBETTA.
A l'heure qu'il est, il est encore évêque de Pesaro et régent de la chancellerie; mais, avant un mois, il ne sera plus qu'un peu de poussière, car notre Saint-Père le pape l'a fait arrêter sur votre plainte, et le tient sous bonne garde dans les chambres basses du Vatican.
DONA LUCREZIA.
Gubetta, écris en hâte au Saint-Père que je lui demande la grâce de Pierre Capra! Gubetta, qu'on mette en liberté Accaïoli! En liberté Manfredi de Curzola! En liberté Buondelmonte! En liberté Spadacappa!
GUBETTA.
Attendez! attendez, madame! laissez-moi respirer! Quels ordres me donnez-vous là! Ah! mon Dieu! il pleut des pardons! il grêle de la miséricorde! je suis submergé dans la clémence! je ne me tirerai jamais de ce déluge effroyable de bonnes actions!
DONA LUCREZIA.
Bonnes ou mauvaises, que t'importe, pourvu que je te les paye.
GUBETTA.
Ah! c'est qu'une bonne action est bien plus difficile à faire qu'une mauvaise. —Hélas! pauvre Gubetta que je suis! A présent que vous imaginez de devenir miséricordieuse, qu'est-ce que je vais devenir, moi?
DONA LUCREZIA.
Écoute, Gubetta, tu es mon plus ancien et mon plus fidèle confident...
GUBETTA.
Voilà quinze ans, en effet, que j'ai l'honneur d'être votre collaborateur.
DONA LUCREZIA.
Hé bien! dis, Gubetta, mon vieil ami, mon vieux complice, est-ce que tu ne commences pas à sentir le besoin de changer de genre de vie? est-ce que tu n'as pas soif d'être béni, toi et moi, autant que nous avons été maudits? est-ce que tu n'en as pas assez du crime?
GUBETTA.
Je vois que vous êtes en train de devenir la plus vertueuse altesse qui soit.
DONA LUCREZIA.
Est-ce que notre commune renommée à tous deux, notre renommée infâme, notre renommée de meurtre et d'empoisonnement, ne commence pas à te peser, Gubetta?
GUBETTA.
Pas du tout. Quand je passe dans les rues de Spolette, j'entends bien quelquefois des manants qui fredonnent autour de moi : Hum! ceci est Gubetta, Gubetta-poison, Gubetta-poignard, Gubetta-gibet! Car ils ont mis à mon nom une flamboyante aigrette de sobriquets. On dit tout cela, et, quand les voix ne le disent pas, ce sont les yeux qui le disent. Mais qu'est-ce que cela fait? Je suis habitué à ma mauvaise réputation comme un soldat du pape à servir la messe.
DONA LUCREZIA.
Mais ne sens-tu pas que tous les noms odieux dont on t'accable, et dont on m'accable aussi, peuvent aller éveiller le mépris et la haine dans un cœur où tu voudrais être aimé? Tu n'aimes donc personne au monde, Gubetta?
GUBETTA.
Je voudrais bien savoir qui vous aimez, madame!
DONA LUCREZIA.
Qu'en sais-tu? Je suis franche avec toi; je ne te parlerai ni de mon père, ni de mon frère, ni de mon mari, ni de mes amants.
GUBETTA.
Mais c'est que je ne vois guère que cela qu'on puisse aimer.
DONA LUCREZIA.
Il y a encore autre chose, Gubetta.
GUBETTA.
Ah çà! est-ce que vous vous faites vertueuse pour l'amour de Dieu?
DONA LUCREZIA.
Gubetta! Gubetta! S'il y avait aujourd'hui en Italie, dans cette fatale et criminelle Italie, un cœur noble et pur, un cœur plein de hautes et de mâles vertus, un cœur d'ange sous une cuirasse de soldat; s'il ne me restait, à moi, pauvre femme haïe, méprisée, abhorrée, maudite des hommes, damnée du ciel, misérable, toute-puissante que je suis; s'il ne me restait dans l'état de détresse où mon âme agonise douloureusement qu'une idée, qu'une espérance, qu'une ressource, celle de mériter et d'obtenir avant ma mort une petite place, Gubetta, un peu de tendresse, un peu d'estime dans ce cœur si fier et si pur; si je n'avais d'autre pensée que l'ambition de le sentir battre un jour joyeusement et librement sur le mien; comprendrais-tu alors, dis, Gubetta, pourquoi j'ai hâte de racheter mon passé, de laver ma renommée, d'effacer les taches de toutes sortes que j'ai partout sur moi, et de changer en une idée de gloire, de pénitence et de vertu, l'idée infâme et sanglante que l'Italie attache à mon nom?
GUBETTA.
Mon Dieu, madame! sur quel ermite avez-vous marché aujourd'hui?
DONA LUCREZIA.
Ne ris pas. Il y a long-temps déjà que j'ai ces pensées sans te les dire. Lorsqu'on est entraîné par un courant de crimes, on ne s'arrête pas quand on veut. Les deux anges luttaient en moi, le bon et le mauvais; mais je crois que le bon va enfin l'emporter.
GUBETTA.
Alors, *te Deum laudamus, magnificat anima mea Dominum!* — Savez-vous, madame, que je ne vous comprends plus, et que depuis quelque temps vous êtes devenue indéchiffrable pour moi? Il y a un mois, votre altesse annonce qu'elle part pour Spolette, prend congé de monseigneur don Alphonse d'Este, votre mari, qui a du reste la bonhomie d'être amoureux de vous comme un tourtereau et jaloux comme un tigre;

votre altesse donc quitte Ferrare, et s'en vient secrètement à Venise, presque sans suite, affublée d'un faux nom napolitain, et moi d'un faux nom espagnol. Arrivée à Venise, votre altesse se sépare de moi, et m'ordonne de ne pas la connaître; et puis, vous vous mettez à courir les fêtes, les musiques, les tertullias à l'espagnole, profitant du carnaval pour aller partout masquée, cachée à tous, déguisée, me parlant à peine entre deux portes chaque soir; et voilà que toute cette mascarade se termine par un sermon que vous me faites! Un sermon de vous à moi, madame! cela n'est-il pas véhément et prodigieux? Vous avez métamorphosé votre nom, vous avez métamorphosé votre habit, à présent vous métamorphosez votre âme! En honneur, c'est pousser furieusement loin le carnaval. Je m'y perds. Où est la cause de cette conduite de la part de votre altesse?

DONA LUCREZIA, *lui saisissant vivement le bras, et l'attirant près de Gennaro endormi.*

Vois-tu ce jeune homme?

GUBETTA.

Ce jeune homme n'est pas nouveau pour moi, et je sais bien que c'est après lui que vous courez sous votre masque depuis que vous êtes à Venise.

DONA LUCREZIA.

Qu'est-ce que tu en dis?

GUBETTA.

Je dis que c'est un jeune homme qui dort couché sur un banc, et qui dormirait debout s'il avait été en tiers dans la conversation morale et édifiante que je viens d'avoir avec votre altesse.

DONA LUCREZIA.

Est-ce que tu ne le trouves pas bien beau?

GUBETTA.

Il serait plus beau, s'il n'avait pas les yeux fermés. Un visage sans yeux, c'est un palais sans fenêtres.

DONA LUCREZIA.

Si tu savais comme je l'aime!

GUBETTA.

C'est l'affaire de don Alphonse, votre royal mari. Je dois cependant avertir votre altesse qu'elle y perd ses peines. Ce jeune homme, à ce qu'on m'a dit, aime d'amour une belle jeune fille nommée Fiammetta.

DONA LUCREZIA.

Et la jeune fille, l'aime-t-elle?

GUBETTA.

On dit que oui.

DONA LUCREZIA.

Tant mieux! je voudrais tant le savoir heureux!

GUBETTA.

Voilà qui est singulier et n'est guère dans vos façons; je vous croyais plus jalouse.

DONA LUCREZIA, *contemplant Gennaro.*

Quelle noble figure!

GUBETTA.

Je trouve qu'il ressemble à quelqu'un...

DONA LUCREZIA.

Ne me dis pas à qui tu trouves qu'il ressemble! — Laisse-moi.

Gubetta sort. Dona Lucrezia reste quelques instants comme en extase devant Gennaro; elle ne voit pas deux hommes masqués qui viennent d'entrer au fond du théâtre et qui l'observent.

DONA LUCREZIA, *se croyant seule.*

C'est donc lui! il m'est donc enfin donné de le voir un instant sans périls! Non, je ne l'avais pas rêvé plus beau. O Dieu! épargnez-moi l'angoisse d'être jamais haïe et méprisée de lui; vous savez qu'il est tout ce que j'aime sous le ciel! — Je n'ose ôter mon masque; il faut pourtant que j'essuie mes larmes.

Elle ôte son masque pour s'essuyer les yeux. Les deux hommes masqués causent à voix basse pendant qu'elle baise la main de Gennaro endormi.

PREMIER HOMME MASQUÉ.

Cela suffit, je puis retourner à Ferrare. Je n'étais venu à Venise que pour m'assurer de son infidélité; j'en ai assez vu. Mon absence de Ferrare ne peut se prolonger plus long-temps. Ce jeune homme est son amant. Comment le nomme-t-on, Rustighello?

DEUXIÈME HOMME MASQUÉ.

Il s'appelle Gennaro. C'est un capitaine aventurier, un brave, sans père ni mère, un homme dont on ne connaît pas les bouts. Il est en ce moment au service de la république de Venise.

PREMIER HOMME.

Fais en sorte qu'il vienne à Ferrare.

DEUXIÈME HOMME.

Cela se fera de soi-même, monseigneur; il part après-demain pour Ferrare avec plusieurs de ses amis, qui font partie de l'ambassade des sénateurs Tiepolo et Grimani.

PREMIER HOMME.

C'est bien. Les rapports qu'on m'a faits étaient exacts. J'en ai assez vu, te dis-je; nous pouvons repartir.

Ils sortent.

DONA LUCREZIA, *joignant les mains et presque agenouillée devant Gennaro.*

O mon Dieu, qu'il y ait autant de bonheur pour lui qu'il y a eu de malheur pour moi!

Elle dépose un baiser sur le front de Gennaro, qui s'éveille en sursaut.

GENNARO, *saisissant par les deux bras Lucrezia interdite.*

Un baiser! une femme! — Sur mon honneur, madame, si vous étiez reine et si j'étais poète, ce serait véritablement l'aventure de messire Alain Chartier, le rimeur français. — Mais j'ignore qui vous êtes, et moi, je ne suis qu'un soldat.

DONA LUCREZIA.

Laissez-moi, seigneur Gennaro!

GENNARO.

Non pas, madame.

DONA LUCREZIA.

Voici quelqu'un!

Elle s'enfuit, Gennaro la suit.

SCÈNE IV.

JEPPO, *puis* MAFFIO.

Jeppo, entrant par le côté opposé.

Quel est ce visage? c'est bien elle! Cette femme à Venise! — Hé, Maffio!

MAFFIO, *entrant.*

Qu'est-ce?

JEPPO.

Que je te dise une rencontre inouïe.

Il parle bas à l'oreille de Maffio.

MAFFIO.

En es-tu sûr?

JEPPO.

Comme je suis sûr que nous sommes ici dans le palais Barbarigo et non dans le palais Labbia.

MAFFIO.

Elle était en causerie galante avec Gennaro?

JEPPO.

Avec Gennaro.

MAFFIO.

Il faut tirer mon frère Gennaro de cette toile d'araignée.

JEPPO.

Viens avertir nos amis.

Ils sortent. — Pendant quelques instants la scène reste vide; on voit seulement passer, de temps en temps, au fond du théâtre, quelques gondoles avec des symphonies. — Rentrent Gennaro et dona Lucrezia masquée.

SCÈNE V.

GENNARO, DONA LUCREZIA.

DONA LUCREZIA.

Cette terrasse est obscure et déserte : je puis me démasquer ici. Je veux que vous voyiez mon visage, Gennaro.

Elle se démasque.

GENNARO.

Vous êtes bien belle!

DONA LUCREZIA

Regarde-moi bien, Gennaro, et dis-moi que je ne te fais pas horreur!

GENNARO.

Vous me faire horreur, madame! et pourquoi? Bien au contraire, je me sens au fond du cœur quelque chose qui m'attire vers vous.

DONA LUCREZIA.

Donc tu crois que tu pourrais m'aimer, Gennaro?

GENNARO.

Pourquoi non? Pourtant, madame, je suis sincère, il y aura toujours une femme que j'aimerai plus que vous.

DONA LUCREZIA, *souriant*.

Je sais, la petite Fiammetta.

GENNARO.

Non.

DONA LUCREZIA.

Qui donc?

GENNARO.

Ma mère.

DONA LUCREZIA.

Ta mère! ta mère, ô mon Gennaro! tu aimes bien ta mère, n'est-ce pas?

GENNARO.

Et pourtant je ne l'ai jamais vue. Voilà qui vous paraît bien singulier, n'est-il pas vrai? Tenez, je ne sais pas pourquoi j'ai une pente à me confier à vous ; je vais vous dire un secret que je n'ai encore dit à personne, pas même à mon frère d'armes, pas même à Maffio Orsini. Cela est étrange de se livrer ainsi au premier venu, mais il me semble que vous n'êtes pas pour moi la première venue. — Je suis un capitaine qui ne connaît pas sa famille, j'ai été élevé en Calabre par un pêcheur dont je me croyais le fils.

Le jour où j'eus seize ans, ce pêcheur m'apprit qu'il n'était pas mon père. Quelque temps après, un seigneur vint qui m'arma chevalier, et qui repartit sans avoir levé la visière de son morion. Quelque temps après encore, un homme vêtu de noir vint m'apporter une lettre. Je l'ouvris. C'était ma mère qui m'écrivait, ma mère que je ne connaissais pas, ma mère que je rêvais bonne, douce, tendre, belle comme vous! ma mère que j'adorais de toutes les forces de mon âme! Cette lettre m'apprit, sans me dire aucun nom, que j'étais noble et de grande race, et que ma mère était bien malheureuse. Pauvre mère!

DONA LUCREZIA.

Bon Gennaro!

GENNARO.

Depuis ce jour-là, je me suis fait aventurier, parce qu'étant quelque chose par ma naissance, j'ai voulu être aussi quelque chose par mon épée. J'ai couru toute l'Italie. Mais le premier jour de chaque mois, en quelque lieu que je sois, je vois toujours venir le même messager. Il me remet une lettre de ma mère, prend ma réponse et s'en va ; et il ne me dit rien, et je ne lui dis rien, parce qu'il est sourd et muet.

DONA LUCREZIA.

Ainsi tu ne sais rien de ta famille?

GENNARO.

Je sais que j'ai une mère, qu'elle est malheureuse, et que je donnerais ma vie dans ce monde pour la voir pleurer, et ma vie dans l'autre pour la voir sourire. Voilà tout.

DONA LUCREZIA.

Que fais-tu de ses lettres?

GENNARO.

Je les ai toutes là, sur mon cœur. Nous autres gens de guerre, nous risquons souvent notre poitrine à l'encontre des épées. Les lettres d'une mère, c'est une bonne cuirasse.

DONA LUCREZIA.

Noble nature!

GENNARO.

Tenez, voulez-vous voir son écriture? voici une de ses lettres.

Il tire de sa poitrine un papier qu'il baise et qu'il remet à dona Lucrezia.

— Lisez cela.

DONA LUCREZIA, *lisant*.

« .... Ne cherche pas à me connaître, mon
» Gennaro, avant le jour que je te marquerai.
» Je suis bien à plaindre. Je suis entourée
» de parents sans pitié, qui te tueraient comme
» ils ont tué ton père. Le secret de ta naissance,
» mon enfant, je veux être la seule à le savoir.
» Si tu le savais, toi, cela est à la fois si triste
» et si illustre que tu ne pourrais pas t'en taire ;
» la jeunesse est confiante, tu ne connais pas
» les périls qui t'environnent comme je les con-
» nais ; qui sait? tu voudrais les affronter par
» bravade de jeune homme, tu parlerais ou tu
» te laisserais deviner, et tu ne vivrais pas deux
» jours. Oh non! contente-toi de savoir que tu
» as une mère qui t'adore et qui veille nuit et
» jour sur ta vie. Mon Gennaro, mon fils, tu es
» tout ce que j'aime sur la terre ; mon cœur se
» fond quand je songe à toi. »

Elle s'interrompt pour dévorer une larme.

GENNARO.

Comme vous lisez cela tendrement! On ne dirait pas que vous lisez, mais que vous parlez. — Ah! vous pleurez! — Vous êtes bonne, madame, et je vous aime de pleurer de ce qu'écrit ma mère.

Il reprend la lettre, la baise de nouveau, et la remet dans sa poitrine.

— Oui, vous voyez, il y a eu bien des crimes autour de mon berceau. — Ma pauvre mère! — n'est-ce pas que vous comprenez maintenant que je m'arrête peu aux galanteries et aux amourettes, parce que je n'ai qu'une pensée au cœur, ma mère! Oh! délivrer ma mère! la servir, la venger, la consoler! quel bonheur! Je penserai à l'amour après! Tout ce que je fais, je le fais pour être digne de ma mère. Il y a bien des aventuriers qui ne sont pas scrupuleux, et qui se battraient pour Satan après s'être battus pour saint Michel; moi, je ne sers que des causes justes; je veux pouvoir déposer un jour aux pieds de ma mère une épée nette et loyale comme celle d'un empereur. — Tenez, madame, on m'a offert un gros enrôlement au service de cette infâme madame Lucrèce Borgia. J'ai refusé.

DONA LUCREZIA.

Gennaro! — Gennaro! ayez pitié des méchants! Vous ne savez pas ce qui se passe dans leur cœur.

GENNARO.

Je n'ai pas pitié de qui est sans pitié. — Mais laissons cela, madame; et maintenant que je vous ai dit qui je suis, faites de même, et dites-moi à votre tour qui vous êtes.

DONA LUCREZIA.

Une femme qui vous aime, Gennaro.

GENNARO.

Mais votre nom?...

DONA LUCREZIA.

Ne m'en demandez pas plus.

Des flambeaux. Entrent avec bruit Jeppo et Maffio. Dona Lucrezia remet son masque précipitamment.

SCÈNE VI.

LES MÊMES, MAFFIO ORSINI, JEPPO LIVERETTO, ASCANIO PETRUCCI, OLOFERNO VITELLOZZO, DON APOSTOLO GAZELLA. — SEIGNEURS, DAMES, PAGES *portant des flambeaux.*

MAFFIO, *un flambeau à la main.*

Gennaro! veux-tu savoir quelle est la femme à qui tu parles d'amour?

DONA LUCREZIA, *à part, sous son masque.*

Juste ciel!

GENNARO.

Vous êtes tous mes amis, mais je jure Dieu que celui qui touchera au masque de cette femme sera un enfant hardi. Le masque d'une femme est sacré comme la face d'un homme.

MAFFIO.

Il faut d'abord que la femme soit une femme, Gennaro! Mais nous ne voulons point insulter celle-là; nous voulons seulement lui dire nos noms.

Faisant un pas vers dona Lucrezia

— Madame, je suis Maffio Orsini, frère du duc de Gravina, que vos sbires ont étranglé la nuit pendant qu'il dormait.

JEPPO.

Madame, je suis Jeppo Liveretto, neveu de Liveretto Vitelli, que vous avez fait poignarder dans les caves du Vatican.

ASCANIO.

Madame, je suis Ascanio Petrucci, cousin de Pandolfo Petrucci, seigneur de Sienne, que vous avez assassiné pour lui voler plus aisément sa ville.

OLOFERNO.

Madame, je m'appelle Oloferno Vitellozzo, neveu d'Iago d'Appiani, que vous avez empoisonné dans une fête, après lui avoir traîtreusement dérobé sa bonne citadelle seigneuriale de Piombino.

DON APOSTOLO.

Madame, vous avez mis à mort sur l'échafaud don Francisco Gazella, oncle maternel de don Alphonse d'Aragon, votre troisième mari, que vous avez fait tuer à coups de hallebarde sur le palier de l'escalier de Saint-Pierre. Je suis don Apostolo Gazella, cousin de l'un et fils de l'autre.

DONA LUCREZIA.

O Dieu!

GENNARO.

Quelle est cette femme?

MAFFIO.

Et maintenant que nous vous avons dit nos noms, madame, voulez-vous que nous vous disions le vôtre?

DONA LUCREZIA.

Non! non! ayez pitié, messeigneurs! Pas devant lui!

MAFFIO, *la démasquant.*

Otez votre masque, madame, qu'on voie si vous pouvez encore rougir.

DON APOSTOLO.

Gennaro, cette femme à qui tu parlais d'amour est empoisonneuse et adultère.

JEPPO.

Inceste à tous les degrés. Inceste avec ses deux frères, qui se sont entretués pour l'amour d'elle!

DONA LUCREZIA.

Grâce!

ASCANIO.

Inceste avec son père, qui est pape!

DONA LUCREZIA.

Pitié!

OLOFERNO.

Inceste avec ses enfants, si elle en avait; mais le ciel en refuse aux monstres!

DONA LUCREZIA.
Assez ! assez !

MAFFIO.
Veux-tu savoir son nom, Gennaro ?

DONA LUCREZIA.
Grâce ! grâce ! messeigneurs !

MAFFIO.
Gennaro, veux-tu savoir son nom ?

DONA LUCREZIA.
Elle se traîne aux pieds de Gennaro.
N'écoute pas, mon Gennaro !

MAFFIO, *étendant le bras*.
C'est Lucrèce Borgia !

GENNARO, *la repoussant*.
Oh !...

TOUS.
Lucrèce Borgia !
Elle tombe évanouie aux genoux de Gennaro.

DEUXIÈME PARTIE.

Une place de Ferrare. A droite, un palais avec un balcon garni de jalousies, et une porte basse. Sous le balcon, un grand écusson de pierre chargé d'armoiries avec ce mot en grosses lettres saillantes de cuivre doré au-dessous : BORGIA. A gauche, une petite maison avec porte sur la place. Au fond, des maisons et des clochers.

SCÈNE I.

DONA LUCREZIA, GUBETTA.

DONA LUCREZIA.
Tout est-il prêt pour ce soir, Gubetta ?

GUBETTA.
Oui, madame.

DONA LUCREZIA.
Y seront-ils tous les cinq ?

GUBETTA.
Tous les cinq.

DONA LUCREZIA.
Ils m'ont bien cruellement outragée, Gubetta !

GUBETTA.
Je n'étais pas là, moi.

DONA LUCREZIA.
Ils ont été sans pitié !

GUBETTA.
Ils vous ont dit votre nom tout haut comme cela ?

DONA LUCREZIA.
Ils ne m'ont pas dit mon nom, Gubetta ; ils me l'ont craché au visage !

GUBETTA.
En plein bal ?

DONA LUCREZIA.
Devant Gennaro !

GUBETTA.
Ce sont de fiers étourdis d'avoir quitté Venise et d'être venus à Ferrare. Il est vrai qu'ils ne pouvaient guère faire autrement, étant désignés par le sénat pour faire partie de l'ambassade qui est arrivée l'autre semaine.

DONA LUCREZIA.
Oh ! il me hait et me méprise maintenant, et c'est leur faute. — Ah ! Gubetta, je me vengerai d'eux.

GUBETTA.
A la bonne heure, voilà parler. Vos fantaisies de miséricorde vous ont quittées, Dieu soit loué ! Je suis bien plus à mon aise avec votre altesse quand elle est naturelle comme la voilà. Je m'y retrouve au moins. Voyez-vous, madame, un lac, c'est le contraire d'une île ; une tour, c'est le contraire d'un puits ; un aqueduc, c'est le contraire d'un pont ; et moi, j'ai l'honneur d'être le contraire d'un personnage vertueux.

DONA LUCREZIA.
Gennaro est avec eux. Prends garde qu'il ne lui arrive rien.

GUBETTA.
Si nous devenions, vous une bonne femme, et moi un bon homme, ce serait monstrueux.

DONA LUCREZIA.
Prends garde qu'il n'arrive rien à Gennaro, te dis-je !

GUBETTA.
Soyez tranquille.

DONA LUCREZIA.
Je voudrais pourtant bien le voir encore une fois !

GUBETTA.
Vive-Dieu, madame, votre altesse le voit tous les jours. Vous avez gagné son valet pour qu'il déterminât son maître à prendre logis là, dans cette bicoque, vis-à-vis votre balcon, et de votre fenêtre grillée vous avez tous les jours l'ineffable bonheur de voir entrer et sortir le susdit gentilhomme.

DONA LUCREZIA.
Je dis que je voudrais lui parler, Gubetta.

GUBETTA.
Rien de plus simple. Envoyez-lui dire par votre porte-chape Astolfo que votre altesse l'attend aujourd'hui à telle heure au palais.

DONA LUCREZIA.
Je le ferai, Gubetta. Mais voudra-t-il venir ?

GUBETTA.
Rentrez, madame, je crois qu'il va passer ici tout à l'heure avec les étourneaux en question.

DONA LUCREZIA.
Te prennent-ils toujours pour le comte de Belverana ?

GUBETTA.
Ils me croient espagnol depuis le talon jusqu'aux sourcils. Je suis un de leurs meilleurs amis. Je leur emprunte de l'argent.

DONA LUCREZIA.
De l'argent ! et pourquoi faire ?

GUBETTA.
Pardieu ! pour en avoir. D'ailleurs il n'y a rien qui soit plus espagnol que d'avoir l'air gueux et de tirer le diable par la queue.

DONA LUCREZIA, *à part.*

O mon Dieu! faites qu'il n'arrive pas malheur à mon Gennaro.

GUBETTA.

Et à ce propos, madame, il me vient une réflexion.

DONA LUCREZIA.

Laquelle?

GUBETTA.

C'est qu'il faut que la queue du diable lui soit soudée, chevillée et vissée à l'échine d'une façon bien triomphante pour qu'elle résiste à l'innombrable multitude de gens qui la tirent perpétuellement!

DONA LUCREZIA.

Tu ris à travers tout, Gubetta.

GUBETTA.

C'est une manière comme une autre.

DONA LUCREZIA.

Je crois que les voici. — Songe à tout.

Elle rentre dans le palais par la petite porte sous le balcon.

SCÈNE II.

GUBETTA, *seul.*

Qu'est-ce que c'est que ce Gennaro? et que diable en veut-elle faire? Je ne sais pas tous les secrets de la dame, il s'en faut; mais celui-ci pique ma curiosité. Ma foi, elle n'a pas eu de confiance en moi cette fois, il ne faut pas qu'elle s'imagine que je vais la servir dans cette occasion; elle se tirera de l'intrigue avec le Gennaro comme elle pourra. Mais quelle étrange manière d'aimer un homme quand on est fille de Roderigo Borgia et de la Vanozza, quand on est une femme qui a dans les veines du sang de courtisane et du sang de pape! Madame Lucrèce devient platonique. Je ne m'étonnerai plus de rien maintenant, quand même on viendrait me dire que le pape Alexandre VI croit en Dieu!

Il regarde dans la rue voisine.

— Allons, voici nos jeunes fous du carnaval de Venise. Ils ont eu une belle idée de quitter une terre neutre et libre pour venir à Ferrare après avoir mortellement offensé la duchesse de Ferrare! A leur place je me serais, certes, abstenu de faire partie de la cavalcade des ambassadeurs vénitiens. Mais les jeunes gens sont ainsi faits. La gueule du loup est de toutes les choses sublunaires celle où ils se précipitent le plus volontiers.

Entrent les jeunes seigneurs sans voir d'abord Gubetta, qui s'est placé en observation sous l'un des piliers qui soutiennent le balcon. Ils causent à voix basse et d'un air d'inquiétude.

SCÈNE III.

GUBETTA. — GENNARO, MAFFIO, JEPPO, ASCANIO, DON APOSTOLO, OLOFERNO.

MAFFIO, *bas.*

Vous direz ce que vous voudrez, messieurs, on peut se dispenser de venir à Ferrare quand on a blessé au cœur madame Lucrèce Borgia.

DON APOSTOLO.

Que pouvions-nous faire? le sénat nous envoie ici. Est-ce qu'il y a moyen d'éluder les ordres du sérénissime sénat de Venise? Une fois désignés, il fallait partir. Je ne me dissimule pourtant pas, Maffio, que la Lucrezia Borgia est en effet une redoutable ennemie. Elle est la maîtresse ici.

JEPPO.

Que veux-tu qu'elle nous fasse, Apostolo? Ne sommes-nous pas au service de la république de Venise? Ne faisons-nous pas partie de son ambassade? Toucher à un cheveu de notre tête, ce serait déclarer la guerre au doge, et Ferrare ne se frotte pas volontiers à Venise.

GENNARO, *rêveur dans un coin du théâtre, sans se mêler à la conversation.*

O ma mère! ma mère! Qui me dira ce que je puis faire pour ma pauvre mère!

MAFFIO.

On peut te coucher tout de ton long dans le sépulcre, Jeppo, sans toucher à un cheveu de ta tête. Il y a des poisons qui font les affaires des Borgia sans éclat et sans bruit, et beaucoup mieux que la hache et le poignard. Rappelle-toi la manière dont Alexandre VI a fait disparaître du monde le sultan Zizimi, frère de Bajazet.

OLOFERNO.

Et tant d'autres.

DON APOSTOLO.

Quant au frère de Bajazet, son histoire est curieuse, et n'est pas des moins sinistres. Le pape lui persuada que Charles de France l'avait empoisonné le jour où ils firent collation ensemble; Zizimi crut tout, et reçut des belles mains de Lucrèce Borgia un soi-disant contre-poison qui, en deux heures, délivra de lui son frère Bajazet.

JEPPO.

Il paraît que ce brave turc n'entendait rien à la politique.

MAFFIO.

Oui, les Borgia ont des poisons qui tuent en un jour, en un mois, en un an, à leur gré. Ce sont d'infâmes poisons qui rendent le vin meilleur, et font voler le flacon avec plus de plaisir. Vous vous croyez ivre, vous êtes mort. Ou bien un homme tombe tout à coup en langueur, sa peau se ride, ses yeux se cavent, ses cheveux blanchissent, ses dents se brisent comme verre sur le pain; il ne marche plus, il se traîne; il ne respire plus, il râle; il ne rit plus, il ne dort plus, il grelotte au soleil en plein midi; jeune homme, il a l'air d'un vieillard; il agonise ainsi quelque temps, enfin il meurt. Il meurt; et alors on se souvient qu'il y a six mois ou un an il a bu un verre de vin de Chypre chez un Borgia.

Se retournant.

— Tenez, messeigneurs, voilà justement Montefeltro, que vous connaissez peut-être, qui est de cette ville, et à qui la chose arrive en ce moment. — Il passe là au fond de la place. — Regardez-le.

On voit passer au fond du théâtre un homme à cheveux blancs, maigre, chancelant, boitant, appuyé sur un bâton, et enveloppé d'un manteau.

ASCANIO.

Pauvre Montefeltro!

DON APOSTOLO.
Quel âge a-t-il?

MAFFIO.
Mon âge. Vingt-neuf ans.

OLOFERNO.
Je l'ai vu l'an passé rose et frais comme vous.

MAFFIO.
Il y a trois mois, il a soupé chez notre Saint-Père le pape, dans sa vigne du Belvédère!

ASCANIO.
C'est horrible!

MAFFIO.
Oh! l'on conte des choses bien étranges de ces soupers des Borgia!

ASCANIO.
Ce sont des débauches effrénées, assaisonnées d'empoisonnements.

MAFFIO.
Voyez, messeigneurs, comme cette place est déserte autour de nous. Le peuple ne s'aventure pas si près que nous du palais ducal; il a peur que les poisons qui s'y élaborent jour et nuit ne transpirent à travers les murs.

ASCANIO.
Messieurs, à tout prendre, les ambassadeurs ont eu hier leur audience du duc. Notre office est à peu près fini. La suite de l'ambassade se compose de cinquante cavaliers. Notre disparition ne s'apercevrait guère dans le nombre. Et je crois que nous ferions sagement de quitter Ferrare.

MAFFIO.
Aujourd'hui même!

JEPPO.
Messieurs, il sera temps demain. Je suis invité à souper ce soir chez la princesse Negroni, dont je suis fort éperdument amoureux, et je ne voudrais pas avoir l'air de fuir devant la plus jolie femme de Ferrare.

OLOFERNO.
Tu es invité à souper ce soir chez la princesse Negroni?

JEPPO.
Oui.

OLOFERNO.
Et moi aussi.

ASCANIO.
Et moi aussi.

DON APOSTOLO.
Et moi aussi.

MAFFIO.
Et moi aussi.

GUBETTA, *sortant de l'ombre du pilier.*
Et moi aussi, messieurs.

JEPPO.
Tiens, voilà monsieur de Belverana. Eh bien! nous irons tous ensemble; ce sera une joyeuse soirée. Bonjour, monsieur de Belverana.

GUBETTA.
Que Dieu vous garde longues années, seigneur Jeppo.

MAFFIO, *bas à Jeppo.*
Vous allez encore me trouver bien timide, Jeppo. Eh bien, si vous m'en croyiez, nous n'irions pas à ce souper. Le palais Negroni touche au palais ducal, et je n'ai pas grande croyance aux airs aimables de ce seigneur Belverana.

JEPPO, *bas.*
Vous êtes fou, Maffio. La Negroni est une femme charmante, je vous dis que j'en suis amoureux, et le Belverana est un brave homme. Je me suis enquis de lui et des siens. Mon père était avec son père au siége de Grenade, en quatorze cent quatre-vingts et tant.

MAFFIO
Cela ne prouve pas que celui-ci soit le fils du père avec qui était votre père.

JEPPO.
Vous êtes libre de ne pas venir souper, Maffio.

MAFFIO.
J'irai si vous y allez, Jeppo.

JEPPO.
Vive Jupiter, alors! — Et toi, Gennaro, est-ce que tu n'es pas des nôtres ce soir?

ASCANIO.
Est-ce que la Negroni ne t'a pas invité?

GENNARO.
Non. La princesse m'aura trouvé trop médiocre gentilhomme.

MAFFIO, *souriant.*
Alors, mon frère, tu iras de ton côté à quelque rendez-vous d'amour, n'est-ce pas?

JEPPO.
A propos, conte-nous donc un peu ce que te disait madame Lucrèce l'autre soir. Il paraît qu'elle est folle de toi. Elle a dû t'en dire long. La liberté du bal était une bonne fortune pour elle. Les femmes ne déguisent leur personne que pour déshabiller plus hardiment leur âme. Visage masqué, cœur à nu.
Depuis quelques instants dona Lucrezia est sur le balcon dont elle a entr'ouvert la jalousie. Elle écoute.

MAFFIO.
Ah! tu es venu te loger précisément en face de son balcon. Gennaro! Gennaro!

DON APOSTOLO.
Ce qui n'est pas sans danger, mon camarade; car on dit ce digne duc de Ferrare fort jaloux de madame sa femme.

OLOFERNO.
Allons, Gennaro, dis-nous où tu en es de ton amourette avec la Lucrèce Borgia.

GENNARO.
Messeigneurs! si vous me parlez encore de cette horrible femme, il y aura des épées qui reluiront au soleil!

DONA LUCREZIA, *sur le balcon, à part.*
Hélas!

MAFFIO.
C'est pure plaisanterie, Gennaro. Mais il me semble qu'on peut bien te parler de cette dame, puisque tu portes ses couleurs.

GENNARO.
Que veux-tu dire?

MAFFIO, *lui montrant l'écharpe qu'il porte.*
Cette écharpe?

JEPPO.
Ce sont en effet les couleurs de Lucrèce Borgia.

GENNARO.
C'est Fiammetta qui me l'a envoyée.

MAFFIO.
Tu le crois. Lucrèce te l'a fait dire. Mais c'est Lucrèce qui a brodé l'écharpe de ses propres mains pour toi.

GENNARO.
En es-tu sûr, Maffio? Par qui le sais-tu?

MAFFIO.
Par ton valet qui t'a remis l'écharpe et qu'elle a gagné.

GENNARO.
Damnation !
Il arrache l'écharpe, la déchire et la foule aux pieds.

DONA LUCREZIA, *à part.*
Hélas !
Elle referme la jalousie et se retire.

MAFFIO.
Cette femme est belle pourtant !

JEPPO.
Oui, mais il y a quelque chose de sinistre empreint sur sa beauté.

MAFFIO.
C'est un ducat d'or à l'effigie de Satan.

GENNARO.
Oh ! maudite soit cette Lucrèce Borgia ! Vous dites qu'elle m'aime, cette femme ! Hé bien, tant mieux ! que ce soit son châtiment ! elle me fait horreur ! Oui, elle me fait horreur ! Tu sais, Maffio, cela est toujours ainsi ; il n'y a pas moyen d'être indifférent pour une femme qui nous aime. Il faut l'aimer ou la haïr. Et comment aimer celle-là ? Il arrive aussi que, plus on est persécuté par l'amour de ces sortes de femmes, plus on les hait. Celle-ci m'obsède, m'investit, m'assiége. Par où ai-je pu mériter l'amour d'une Lucrèce Borgia ? Cela n'est-il pas une honte et une calamité ? Depuis cette nuit où vous m'avez dit son nom d'une façon si éclatante, vous ne sauriez croire à quel point la pensée de cette femme scélérate m'est odieuse. Autrefois je ne voyais Lucrèce Borgia que de loin, à travers mille intervalles, comme un fantôme terrible debout sur toute l'Italie, comme le spectre de tout le monde. Maintenant ce spectre est mon spectre à moi ; il vient s'asseoir à mon chevet ; il m'aime, ce spectre, et veut se coucher dans mon lit ! Par ma mère, c'est épouvantable ! Ah ! Maffio ! elle a tué monsieur de Gravina, elle a tué ton frère ! Hé bien, ton frère, je le remplacerai près de toi, et je le vengerai près d'elle ! — Voilà donc son exécrable palais ! palais de la luxure, palais de la trahison, palais de l'assassinat, palais de l'adultère, palais de l'inceste, palais de tous les crimes, palais de Lucrèce Borgia ! la marque d'infamie que je ne puis lui mettre au front à cette femme, je veux la mettre au moins au front de son palais !

Il monte sur le banc de pierre qui est au-dessous du balcon, et avec son poignard il fait sauter la première lettre du nom de Borgia gravé sur le mur, de façon qu'il ne reste plus que ce mot :

ORGIA.

MAFFIO.
Que diable fait-il ?

JEPPO.
Gennaro, cette lettre de moins au nom de madame Lucrèce, c'est ta tête de moins sur tes épaules.

GUBETTA.
Monsieur Gennaro, voilà un calembour qui fera mettre demain la moitié de la ville à la question.

GENNARO.
Si l'on cherche le coupable, je me présenterai.

GUBETTA, *à part.*
Je le voudrais, pardieu. Cela embarrasserait madame Lucrèce.
Depuis quelques instants, deux hommes vêtus de noir se promènent sur la place et observent.

MAFFIO.
Messieurs, voilà des gens de mauvaise mine qui nous regardent un peu curieusement. Je crois qu'il serait prudent de nous séparer. — Ne fais pas de nouvelles folies, frère Gennaro.

GENNARO.
Sois tranquille, Maffio. Ta main ? — Messieurs, bien de la joie cette nuit !
Il rentre chez lui ; les autres se dispersent.

SCÈNE IV.

LES DEUX HOMMES *vêtus de noir.*

PREMIER HOMME.
Que diable fais-tu là, Rustighello ?

DEUXIÈME HOMME.
J'attends que tu t'en ailles, Astolfo.

PREMIER HOMME.
En vérité ?

DEUXIÈME HOMME.
Et toi, que fais-tu là, Astolfo ?

PREMIER HOMME.
J'attends que tu t'en ailles, Rustighello.

DEUXIÈME HOMME.
A qui donc as-tu affaire, Astolfo ?

PREMIER HOMME.
A l'homme qui vient d'entrer là. Et toi, à qui en veux-tu ?

DEUXIÈME HOMME.
Au même.

PREMIER HOMME.
Diable !

DEUXIÈME HOMME.
Qu'est-ce que tu en veux faire ?

PREMIER HOMME.
Le mener chez la duchesse. — Et toi ?

DEUXIÈME HOMME.
Je veux le mener chez le duc.

PREMIER HOMME.
Diable !

DEUXIÈME HOMME.
Qu'est-ce qui l'attend chez la duchesse ?

PREMIER HOMME.
L'amour, sans doute. — Et chez le duc ?

DEUXIÈME HOMME.
Probablement, la potence.

PREMIER HOMME.
Comment faire ? Il ne peut pas être à la fois chez le duc et chez la duchesse, amant heureux et pendu.

DEUXIÈME HOMME.
Voici un ducat. Jouons à croix ou pile à qui de nous deux aura l'homme.

PREMIER HOMME.
C'est dit.

DEUXIÈME HOMME.
Ma foi, si je perds, je dirai tout bonnement au duc que j'ai trouvé l'oiseau déniché. Cela m'est bien égal les affaires du duc.

Il jette un ducat en l'air.

PREMIER HOMME.
Pile.

DEUXIÈME HOMME, *regardant à terre.*
C'est face.

PREMIER HOMME.
L'homme sera pendu. Prends-le. Adieu.

DEUXIÈME HOMME.
Bonsoir.

L'autre une fois disparu, il ouvre la porte basse sous le balcon, y entre et revient un moment après accompagné de quatre sbires avec lesquels il va frapper à la porte de la maison où est entré Gennaro. La toile tombe.

ACTE DEUXIÈME.

PREMIÈRE PARTIE.

Une salle du palais ducal de Ferrare. Tentures de cuir de Hongrie frappées d'arabesques d'or. Ameublement magnifique dans le goût de la fin du quinzième siècle en Italie. — Le fauteuil ducal en velours rouge, brodé aux armes de la maison d'Este. A côté, une table couverte de velours rouge. — Au fond, une grande porte. A droite, une petite porte. A gauche, une autre petite porte masquée. — Derrière la petite porte masquée, on voit, dans un compartiment ménagé sur le théâtre, la naissance d'un escalier en spirale qui s'enfonce sous le plancher et qui est éclairé par une longue et étroite fenêtre grillée.

SCÈNE I.

DON ALPHONSE D'ESTE, *en magnifique costume à ses couleurs.* RUSTIGHELLO, *vêtu des mêmes couleurs, mais d'étoffes plus simples.*

RUSTIGHELLO.
Monseigneur le duc, voilà vos premiers ordres exécutés. J'en attends d'autres.

DON ALPHONSE.
Prends cette clef. Va à la galerie de Numa. Compte tous les panneaux de la boiserie à partir de la grande figure peinte qui est près de la porte, et qui représente Hercule, fils de Jupiter, un de mes ancêtres. Arrivé au vingt-troisième panneau, tu verras une petite ouverture cachée dans la gueule d'une guivre dorée, qui est une guivre de Milan. C'est Ludovic-le-Maure qui a fait faire ce panneau. Introduis la clef dans cette ouverture. Le panneau tournera sur ses gonds comme une porte. Dans l'armoire secrète qu'il recouvre, tu verras sur un plateau de cristal un flacon d'or et un flacon d'argent avec deux coupes en émail. Dans le flacon d'argent il y a de l'eau pure. Dans le flacon d'or il y a du vin préparé. Tu apporteras le plateau, sans y rien déranger, dans le cabinet voisin de cette chambre, Rustighello, et si tu as jamais entendu des gens dont les dents claquaient de terreur parler de ce fameux poison des Borgia qui, en poudre, est blanc et scintillant commme de la poussière de marbre de Carrare, et qui, mêlé au vin, change du vin de Romorantin en vin de Syracuse, tu te garderas de toucher au flacon d'or.

RUSTIGHELLO.
Est-ce là tout, monseigneur ?

DON ALPHONSE.
Non. Tu prendras ta meilleure épée, et tu te tiendras dans le cabinet, debout, derrière la porte, de manière à entendre tout ce qui se passera ici, et à pouvoir entrer au premier signal que je te donnerai avec cette clochette d'argent, dont tu connais le son.

Il montre une clochette sur la table.

— Si j'appelle simplement : — Rustighello ! tu entreras avec le plateau. Si je secoue la clochette, tu entreras avec l'épée.

RUSTIGHELLO.
Il suffit, monseigneur.

DON ALPHONSE.
Tu tiendras ton épée nue à la main, afin de n'avoir pas la peine de la tirer.

RUSTIGHELLO.
Bien.

DON ALPHONSE.
Rustighello ! prends deux épées. Une peut se briser. — Va.

Rustighello sort par la petite porte.

UN HUISSIER, *entrant par la porte du fond.*
Notre dame la duchesse demande à parler à notre seigneur le duc.

DON ALPHONSE.
Faites entrer ma dame.

SCÈNE II.

DON ALPHONSE, DONA LUCREZIA.

DONA LUCREZIA, *entrant avec impétuosité.*
Monsieur, monsieur, ceci est indigne, ceci est odieux, ceci est infâme. Quelqu'un de votre peuple, — savez-vous cela, don Alphonse? — vient de mutiler le nom de votre femme gravé au-dessous de mes armoiries de famille sur la façade de votre propre palais. La chose s'est faite en plein jour, publiquement, par qui ? je l'ignore, mais c'est bien injurieux et bien téméraire. On a fait de mon nom un écriteau d'ignominie, et votre populace de Ferrare, qui est bien la plus infâme populace de l'Italie, monseigneur, est là qui ricane autour de mon blason comme au-

tour d'un pilori. Est-ce que vous vous imaginez, don Alphonse, que je m'accommode de cela, et que je n'aimerais pas mieux mourir en une fois d'un coup de poignard qu'en mille fois de la piqûre envenimée du sarcasme et du quolibet? Pardieu, monsieur, on me traite étrangement dans votre seigneurie de Ferrare! Ceci commence à me lasser, et je vous trouve l'air trop gracieux et trop tranquille pendant qu'on traîne dans les ruisseaux de votre ville la renommée de votre femme, déchiquetée à belles dents par l'injure et la calomnie. Il me faut une réparation éclatante de ceci, je vous en préviens, monsieur le duc. Préparez-vous à faire justice. C'est un événement sérieux qui arrive là, voyez-vous? Est-ce que vous croyez par hasard que je ne tiens à l'estime de personne au monde, et que mon mari peut se dispenser d'être mon chevalier? Non, non, monseigneur; qui épouse protége; qui donne la main donne le bras. J'y compte. Tous les jours ce sont de nouvelles injures, et jamais je ne vous en vois ému. Est-ce que cette boue dont on me couvre ne vous éclabousse pas, don Alphonse? Allons, sur mon âme, courroucez-vous donc un peu, que je vous voie, une fois en votre vie, vous fâcher à mon sujet, monsieur! Vous êtes amoureux de moi, dites-vous quelquefois? soyez-le donc de ma gloire. Vous êtes jaloux? soyez-le de ma renommée! Si j'ai doublé par ma dot vos domaines héréditaires; si je vous ai apporté en mariage, non-seulement la rose d'or et la bénédiction du Saint-Père, mais ce qui tient plus de place sur la surface du monde, Sienne, Rimini, Cesena, Spolette et Piombino, et plus de villes que vous n'aviez de châteaux, et plus de duchés que vous n'aviez de baronnies; si j'ai fait de vous le plus puissant gentilhomme de l'Italie, ce n'est pas une raison, monsieur, pour que vous laissiez votre peuple me railler, me publier et m'insulter; pour que vous laissiez votre Ferrare montrer du doigt à toute l'Europe votre femme plus méprisée et plus bas placée que la servante des valets de vos palefreniers; ce n'est pas une raison, dis-je, pour que vos sujets ne puissent me voir passer au milieu d'eux sans dire : — Ha! cette femme!... — Or, je vous le déclare, monsieur, je veux que le crime d'aujourd'hui soit recherché et notablement puni, ou je m'en plaindrai au pape, je m'en plaindrai au Valentinois qui est à Forli avec quinze mille hommes de guerre; et voyez maintenant si cela vaut la peine de vous lever de votre fauteuil!

DON ALPHONSE.
Madame, le crime dont vous vous plaignez m'est connu.

DONA LUCREZIA.
Comment, monsieur! le crime vous est connu, et le criminel n'est pas découvert!

DON ALPHONSE.
Le criminel est découvert.

DONA LUCREZIA.
Vive Dieu! S'il est découvert, comment se fait-il qu'il ne soit pas arrêté?

DON ALPHONSE.
Il est arrêté, madame.

DONA LUCREZIA.
Sur mon âme, s'il est arrêté, d'où vient qu'il n'est pas encore puni?

DON ALPHONSE.
Il va l'être. J'ai voulu d'abord avoir votre avis sur le châtiment.

DONA LUCREZIA.
Et vous avez bien fait, monseigneur! — Où est-il?

DON ALPHONSE.
Ici.

DONA LUCREZIA.
Ah, ici! — Il me faut un exemple, entendez-vous, monsieur? C'est un crime de lèse-majesté. Ces crimes-là font toujours tomber la tête qui les conçoit et la main qui les exécute. — Ah! il est ici! Je veux le voir.

DON ALPHONSE.
C'est facile.
Appelant.
— Bautista!
L'huissier reparaît.

DONA LUCREZIA.
Encore un mot, monsieur, avant que le coupable soit introduit. — Quel que soit cet homme, fût-il de votre ville, fût-il de votre maison, don Alphonse, donnez-moi votre parole de duc couronné qu'il ne sortira pas d'ici vivant.

DON ALPHONSE.
Je vous la donne. — Je vous la donne, entendez-vous bien, madame?

DONA LUCREZIA.
C'est bien. Hé, sans doute j'entends. Amenez-le maintenant, que je l'interroge moi-même! — Mon Dieu, qu'est-ce que je leur ai donc fait à ces gens de Ferrare pour me persécuter ainsi!

DON ALPHONSE, *à l'huissier.*
Faites entrer le prisonnier.

La porte du fond s'ouvre. On voit paraître Gennaro désarmé entre deux pertuisaniers. Dans le même moment, on voit Rustighello monter l'escalier dans le petit compartiment à gauche, derrière la porte masquée; il tient à la main un plateau sur lequel il y a un flacon doré, un flacon argenté et deux coupes. Il pose le plateau sur l'appui de la fenêtre, tire son épée et se place derrière la porte.

SCÈNE III.

LES MÊMES, GENNARO.

DONA LUCREZIA, *à part.*
Gennaro!

DON ALPHONSE, *s'approchant d'elle, bas et avec un sourire.*
Est-ce que vous connaissez cet homme?

DONA LUCREZIA, *à part.*
C'est Gennaro! — Quelle fatalité, mon Dieu!
Elle le regarde avec angoisse; il détourne les yeux.

GENNARO.
Monseigneur le duc, je suis un simple capitaine et je vous parle avec le respect qui convient. Votre altesse m'a fait saisir dans mon logis ce matin; que me veut-elle?

DON ALPHONSE.
Seigneur capitaine, un crime de lèse-majesté humaine a été commis ce matin vis-à-vis la maison que vous habitez. Le nom de notre bien-aimée épouse et cousine dona Lucrezia Borgia a été insolemment balafré sur la face de notre palais ducal. Nous cherchons le coupable.

DONA LUCREZIA.

Ce n'est pas lui ! il y a méprise, don Alphonse. Ce n'est pas ce jeune homme !

DON ALPHONSE.

D'où le savez-vous ?

DONA LUCREZIA.

J'en suis sûre. Ce jeune homme est de Venise et non de Ferrare. Ainsi...

DON ALPHONSE.

Qu'est-ce que cela prouve ?

DONA LUCREZIA.

Le fait a eu lieu ce matin, et je sais qu'il a passé la matinée chez une nommée Fiammetta.

GENNARO.

Non, madame.

DON ALPHONSE.

Vous voyez bien que votre altesse est mal instruite. Laissez-moi l'interroger. — Capitaine Gennaro, êtes-vous celui qui a commis le crime ?

DONA LUCREZIA, *éperdue.*

On étouffe ici ! De l'air ! de l'air ! J'ai besoin de respirer un peu !

Elle va à une fenêtre, et en passant à côté de Gennaro, elle lui dit bas et rapidement :

— Dis que ce n'est pas toi !

DON ALPHONSE, *à part.*

Elle lui a parlé bas.

GENNARO.

Duc Alphonse, les pêcheurs de Calabre qui m'ont élevé, et qui m'ont trempé tout jeune dans la mer pour me rendre fort et hardi, m'ont enseigné cette maxime, avec laquelle on peut risquer souvent sa vie, jamais son honneur : — Fais ce que tu dis, dis ce que tu fais. — Duc Alphonse, je suis l'homme que vous cherchez.

DON ALPHONSE, *se tournant vers dona Lucrezia.*

Vous avez ma parole de duc couronné, madame.

DONA LUCREZIA.

J'ai deux mots à vous dire en particulier, monseigneur.

Le duc fait signe à l'huissier et aux gardes de se retirer avec le prisonnier dans la salle voisine.

SCÈNE IV.

DONA LUCREZIA, DON ALPHONSE.

DON ALPHONSE.

Que me voulez-vous, madame ?

DONA LUCREZIA.

Ce que je vous veux, don Alphonse, c'est que je ne veux pas que ce jeune homme meure.

DON ALPHONSE.

Il n'y a qu'un instant, vous êtes entrée chez moi comme la tempête, irritée et pleurante, vous êtes plaint à moi d'un outrage fait à vous, vous avez réclamé avec injure et cris la tête du coupable, vous m'avez demandé ma parole ducale qu'il ne sortirait pas d'ici vivant, je vous l'ai loyalement octroyée, et maintenant vous ne voulez pas qu'il meure ! — Par Jésus, madame, ceci est nouveau.

DONA LUCREZIA.

Je ne veux pas que ce jeune homme meure, monsieur le duc !

DON ALPHONSE.

Madame, les gentilshommes aussi prouvés que moi n'ont pas coutume de laisser leur foi en gage. Vous avez ma parole, il faut que je la retire. J'ai juré que le coupable mourrait, il mourra. Sur mon âme, vous pouvez choisir le genre de mort.

DONA LUCREZIA, *d'un air riant et plein de douceur.*

Don Alphonse, don Alphonse, en vérité, nous disons là des folies, vous et moi. Tenez, c'est vrai, je suis une femme pleine de déraison. Mon père m'a gâtée ; que voulez-vous ? On a depuis mon enfance obéi à tous mes caprices. Ce que je voulais il y a un quart d'heure, je ne le veux plus à présent. Vous savez bien, don Alphonse, que j'ai toujours été ainsi. Tenez, asseyez-vous là, près de moi, et causons un peu, tendrement, cordialement, comme mari et femme, comme deux bons amis.

DON ALPHONSE, *prenant de son côté un air de galanterie.*

Dona Lucrezia, vous êtes ma dame, et je suis trop heureux qu'il vous plaise de m'avoir un instant à vos pieds.

Il s'assied près d'elle.

DONA LUCREZIA.

Comme cela est bon de s'entendre ! Savez-vous bien, Alphonse, que je vous aime encore comme le premier jour de mon mariage, ce jour où vous fîtes une si éblouissante entrée à Rome, entre monsieur de Valentinois, mon frère, et monsieur le cardinal Hippolyte d'Este, le vôtre. J'étais sur le balcon des degrés de Saint-Pierre. Je me rappelle encore votre beau cheval blanc chargé d'orfévrerie d'or, et l'illustre mine de roi que vous aviez dessus !

DON ALPHONSE.

Vous étiez vous-même bien belle, madame, et bien rayonnante sous votre dais de brocart d'argent.

DONA LUCREZIA.

Oh ! ne me parlez pas de moi, monseigneur, quand je vous parle de vous. Il est certain que toutes les princesses de l'Europe m'envient d'avoir épousé le meilleur chevalier de la chrétienté. Et moi, je vous aime vraiment comme si j'avais dix-huit ans. Vous savez que je vous aime, n'est-ce pas, Alphonse ? Vous n'en doutez jamais, au moins. Je suis froide quelquefois, et distraite ; cela vient de mon caractère, non de mon cœur. Écoutez, Alphonse, si votre altesse m'en grondait doucement, je me corrigerais bien vite. La bonne chose de s'aimer comme nous faisons ! Donnez-moi votre main, — embrassez-moi, don Alphonse ! — En vérité, j'y songe maintenant, il est bien ridicule qu'un prince et une princesse comme vous et moi, qui sont assis côte à côte sur le plus beau trône ducal qui soit au monde, et qui s'aiment, aient été sur le point de se quereller pour un misérable petit capitaine aventurier vénitien ! Il faut chasser cet homme, et n'en plus parler. Qu'il aille où il voudra, ce drôle, n'est-ce pas, Alphonse ? Le lion et la lionne ne se courroucent pas d'un moucheron. — Savez-vous, monseigneur, que si la couronne ducale était à donner en concours au plus beau cavalier de votre duché de Ferrare, c'est encore vous qui l'auriez. — Attendez, que j'aille dire à Bautista de votre part qu'il ait à chasser au plus vite de Ferrare ce Gennaro !

DON ALPHONSE.

Rien ne presse.

DONA LUCREZIA, *d'un air enjoué.*

Je voudrais n'avoir plus à y songer. — Allons, monsieur, laissez-moi terminer cette affaire à ma guise !

DON ALPHONSE.

Il faut que celle-ci se termine à la mienne.

DONA LUCREZIA.

Mais enfin, mon Alphonse, vous n'avez pas de raison pour vouloir la mort de cet homme ?

DON ALPHONSE.

Et la parole que je vous ai donnée ? Le serment d'un roi est sacré.

DONA LUCREZIA.

Cela est bon à dire au peuple. Mais de vous à moi, Alphonse, nous savons ce que c'est. Le Saint-Père avait promis à Charles VIII de France la vie de Zizimi, Sa Sainteté n'en a pas moins fait mourir Zizimi. Monsieur de Valentinois s'était constitué sur parole otage du même enfant Charles VIII, monsieur de Valentinois s'est évadé du camp français dès qu'il a pu. Vous-même, vous aviez promis aux Petrucci de leur rendre Sienne. Vous ne l'avez pas fait ni dû faire. Hé ! l'histoire des pays est pleine de cela. Ni rois ni nations ne pourraient vivre un jour avec la rigidité des serments qu'on tiendrait. Entre nous, Alphonse, une parole jurée n'est une nécessité que quand il n'y en a pas d'autre.

DON ALPHONSE.

Pourtant, dona Lucrezia, un serment...

DONA LUCREZIA

Ne me donnez pas de ces mauvaises raisons-là. Je ne suis pas une sotte. Dites-moi plutôt, mon cher Alphonse, si vous avez quelques motifs d'en vouloir à ce Gennaro. Non ? Eh bien ! accordez-moi sa vie. Vous m'aviez bien accordé sa mort. Qu'est-ce que cela vous fait ? S'il me plaît de lui pardonner. C'est moi qui suis l'offensée.

DON ALPHONSE.

C'est justement parce qu'il vous a offensée, mon amour, que je ne veux pas lui faire grâce.

DONA LUCREZIA.

Si vous m'aimez, Alphonse, vous ne me refuserez pas plus long-temps. Et s'il me plaît d'essayer de la clémence, à moi ? C'est un moyen de me faire aimer de votre peuple. Je veux que votre peuple m'aime. La miséricorde, Alphonse, cela fait ressembler un roi à Jésus-Christ. Soyons des souverains miséricordieux. Cette pauvre Italie a assez de tyrans sans nous depuis le baron vicaire du pape jusqu'au pape vicaire de Dieu, Finissons-en, cher Alphonse. Mettez ce Gennaro en liberté. C'est un caprice, si vous voulez ; mais c'est quelque chose de sacré et d'auguste que le caprice d'une femme, quand il sauve la tête d'un homme.

DON ALPHONSE.

Je ne puis, chère Lucrèce.

DONA LUCREZIA.

Vous ne pouvez ? Mais enfin pourquoi ne pouvez-vous pas m'accorder quelque chose d'aussi insignifiant que la vie de ce capitaine ?

DON ALPHONSE.

Vous me demandez pourquoi, mon amour ?

DONA LUCREZIA.

Oui, pourquoi ?

DON ALPHONSE.

Parce que ce capitaine est votre amant, madame !

DONA LUCREZIA.

Ciel !

DON ALPHONSE.

Parce que vous l'avez été chercher à Venise ! Parce que vous l'iriez chercher en enfer ! Parce que je vous ai suivie pendant que vous le suiviez ! Parce que je vous ai vue, masquée et haletante, courir après lui comme la louve après sa proie ! Parce que tout à l'heure encore vous le couviez d'un regard plein de pleurs et plein de flamme ! Parce que vous vous êtes prostituée à lui, sans aucun doute, madame ! Parce que c'est assez de honte et d'infamie et d'adultère comme cela ! Parce qu'il est temps que je venge mon honneur et que je fasse couler autour de mon lit un fossé de sang, entendez-vous, madame !

DONA LUCREZIA.

Don Alphonse...

DON ALPHONSE.

Taisez-vous. — Veillez sur vos amants désormais, Lucrèce ! La porte par laquelle on entre dans votre chambre de nuit, mettez-y tel huissier qu'il vous plaira ; mais à la porte par où l'on sort, il y aura maintenant un portier de mon choix, — le bourreau !

DONA LUCREZIA.

Monseigneur, je vous jure...

DON ALPHONSE.

Ne jurez pas. Les serments, cela est bon pour le peuple. Ne me donnez pas de ces mauvaises raisons-là.

DONA LUCREZIA.

Si vous saviez...

DON ALPPONSE.

Tenez, madame, je hais toute votre abominable famille de Borgia, et vous toute la première, que j'ai si follement aimée ! Il faut que je vous dise un peu cela à la fin, c'est une chose honteuse, inouïe et merveilleuse de voir alliées en nos deux personnes la maison d'Este, qui vaut mieux que la maison de Valois et que la maison de Tudor, la maison d'Este, dis-je, et la famille Borgia, qui ne s'appelle pas même Borgia, qui s'appelle Lenzuoli, ou Lenzolio, on ne sait quoi ! J'ai horreur de votre frère César, qui a des taches de sang naturelles au visage ! de votre frère César, qui a tué votre frère Jean ! J'ai horreur de votre mère la Rosa Vanozza, la vieille fille de joie espagnole qui scandalise Rome après avoir scandalisé Valence ! Et quant à vos neveux prétendus, les ducs de Sermoneto et de Nepi, de beaux ducs, ma foi ! des ducs d'hier ! des ducs faits avec des duchés volés ! Laissez-moi finir. J'ai horreur de votre père, qui est pape, et qui a un sérail de femmes comme le sultan des turcs Bajazet ; de votre père, qui est l'antechrist ; de votre père, qui peuple le bagne de personnes illustres et le sacré collége de bandits, si bien qu'en les voyant tous vêtus de rouge, galériens et cardinaux, on se demande si ce sont les galériens qui sont les cardinaux et les cardinaux qui sont les galériens ! — Allez maintenant !

DONA LUCREZIA.

Monseigneur ! monseigneur ! je vous demande, à genoux et à mains jointes, au nom de Jésus et de Marie, au nom de votre père et de votre mère, monseigneur, je vous demande la vie de ce capitaine.

DON ALPHONSE.

Voilà aimer ! — Vous pourrez faire de son cadavre ce qu'il vous plaira, madame, et je prétends que ce soit avant une heure.

DONA LUCREZIA.

Grâce pour Gennaro !

DON ALPHONSE.

Si vous pouviez lire la ferme résolution qui est dans mon âme, vous n'en parleriez pas plus que s'il était déjà mort.

DONA LUCREZIA, *se relevant*.

Ah ! prenez garde à vous, don Alphonse de Ferrare, mon quatrième mari !

DON ALPHONSE.

Oh ! ne faites pas la terrible, madame ! Sur mon âme, je ne vous crains pas ! Je sais vos allures. Je ne me laisserai pas empoisonner comme votre premier mari, ce pauvre gentilhomme d'Espagne dont je ne sais plus le nom, ni vous non plus ! Je ne me laisserai pas chasser comme votre second mari, Jean Sforza, seigneur de Pesaro, cet imbécile ! Je ne me laisserai pas tuer à coups de pique, sur n'importe quel escalier, comme le troisième, don Alphonse d'Aragon, faible enfant dont le sang n'a guère plus taché les dalles que de l'eau pure ! Tout beau ! Moi je suis un homme, madame. Le nom d'Hercule est souvent porté dans ma famille. Par le ciel ! j'ai des soldats plein ma ville et plein ma seigneurie, et j'en suis un moi-même, et je n'ai point encore vendu, comme ce pauvre roi de Naples, mes bons canons d'artillerie au pape, votre saint père !

DONA LUCREZIA.

Vous vous repentirez de ces paroles, monsieur. Vous oubliez qui je suis...

DON ALPHONSE.

Je sais fort bien qui vous êtes, mais je sais aussi où vous êtes. Vous êtes la fille du pape, mais vous n'êtes pas à Rome ; vous êtes la gouvernante de Spolette, mais vous n'êtes pas à Spolette ; vous êtes la femme, la sujette et la servante d'Alphonse, duc de Ferrare, et vous êtes à Ferrare !

Dona Lucrezia, *toute pâle de terreur et de colère, regarde fixement le duc et recule lentement devant lui, jusqu'à un fauteuil où elle vient tomber comme brisée.*

— Ah ! cela vous étonne, vous avez peur de moi, madame, jusqu'ici c'était moi qui avais peur de vous. J'entends qu'il en soit ainsi désormais, et pour commencer, voici le premier de vos amants sur lequel je mets la main, il mourra.

DONA LUCREZIA, *d'une voix faible*.

Raisonnons un peu, don Alphonse. Si cet homme est celui qui a commis envers moi le crime de lèse-majesté, il ne peut être en même temps mon amant...

DON ALPHONSE.

Pourquoi non ? Dans un accès de dépit, de colère, de jalousie ! car il est peut-être jaloux aussi, lui. D'ailleurs, est-ce que je sais, moi ? Je veux que cet homme meure. C'est ma fantaisie. Ce palais est plein de soldats qui me sont dévoués et qui ne connaissent que moi. Il ne peut échapper. Vous n'empêcherez rien, madame. J'ai laissé à votre altesse le choix du genre de mort, décidez-vous.

DONA LUCREZIA, *se tordant les mains*.

O mon Dieu ! ô mon Dieu ! ô mon Dieu !

DON ALPHONSE.

Vous ne répondez pas ? Je vais le faire tuer dans l'antichambre à coups d'épée !

Il va pour sortir, elle lui saisit le bras.

DONA LUCREZIA.

Arrêtez !

DON ALPHONSE.

Aimez-vous mieux lui verser vous-même un verre de vin de Syracuse ?

DONA LUCREZIA.

Gennaro !

DON ALPHONSE.

Il faut qu'il meure.

DONA LUCREZIA.

Pas à coups d'épée !

DON ALPHONSE.

La manière m'importe peu. — Que choisissez-vous ?

DONA LUCREZIA.

L'autre chose.

DON ALPHONSE.

Vous aurez soin de ne pas vous tromper, et de lui verser vous-même du flacon d'or que vous savez! Je serai là d'ailleurs. Ne vous figurez pas que je vais vous quitter.

DONA LUCREZIA.

Je ferai ce que vous voulez.

DON ALPHONSE.

Bautista!

L'huissier reparaît.

— Ramenez le prisonnier.

DONA LUCREZIA.

Vous êtes un homme affreux, monseigneur!

SCÈNE V.

LES MÊMES, GENNARO, LES GARDES.

DON ALPHONSE.

Qu'est-ce que j'entends dire, seigneur Gennaro? Que ce que vous avez fait ce matin, vous l'avez fait par étourderie et bravade, et sans intention méchante, que madame la duchesse vous pardonne, et que d'ailleurs vous êtes un vaillant. Par ma mère, s'il en est ainsi, vous pouvez retourner sain et sauf à Venise. A Dieu ne plaise que je prive la magnifique république de Venise d'un bon domestique et la chrétienté d'un bras fidèle qui porte une fidèle épée quand il y a devers les eaux de Chypre et de Candie des idolâtres et des sarrasins!

GENNARO.

A la bonne heure, monseigneur! Je ne m'attendais pas, je l'avoue, à ce dénoûment. Mais je remercie votre altesse. La clémence est une vertu de race royale, et Dieu fera grâce là-haut à qui aura fait grâce ici-bas.

DON ALPHONSE.

Capitaine, est-ce un bon service que celui de la république, et combien y gagnez-vous, bon an, mal an?

GENNARO.

J'ai une compagnie de cinquante lances, monseigneur, que je défraie et que j'habille. La sérénissime république, sans compter les aubaines et les épaves, me donne deux mille sequins d'or par an.

DON ALPHONSE.

Et si je vous en offrais quatre mille, prendriez-vous service chez moi?

GENNARO.

Je ne pourrais. Je suis encore pour cinq ans au service de la république. Je suis lié.

DON ALPHONSE.

Comment? lié!

GENNARO.

Par serment.

DON ALPHONSE, *bas à doña Lucrezia.*

Il paraît que ces gens-là tiennent les leurs, madame.

Haut.

— N'en parlons plus, seigneur Gennaro.

GENNARO.

Je n'ai fait aucune lâcheté pour obtenir la vie sauve; mais, puisque votre altesse me la laisse, voici ce que je puis lui dire maintenant. Votre altesse se souvient de l'assaut de Faenza, il y a deux ans. Monseigneur le duc Hercule d'Este, votre père, y courut grand péril de la part de deux cranequiniers du Valentinois qui l'allaient tuer. Un soldat aventurier lui sauva la vie.

DON ALPHONSE.

Oui, et l'on n'a jamais pu retrouver ce soldat.

GENNARO.

C'était moi.

DON ALPHONSE.

Pardieu, mon capitaine, ceci mérite récompense. — Est-ce que vous n'accepteriez pas cette bourse de sequins d'or?

GENNARO.

Nous faisons le serment, en prenant le service de la république, de ne recevoir aucun argent des souverains étrangers. Cependant, si votre altesse le permet, je prendrai cette bourse, et je la distribuerai en mon nom aux braves soldats que voici.

Il montre les gardes.

DON ALPHONSE.

Faites.

Gennaro prend la bourse.

— Mais alors vous boirez avec moi, suivant le vieil usage de nos ancêtres, comme bons amis que nous sommes, un verre de mon vin de Syracuse.

GENNARO.

Volontiers, monseigneur.

DON ALPHONSE.

Et, pour vous faire honneur comme à quelqu'un qui a sauvé mon père, je veux que ce soit madame la duchesse elle-même qui vous le verse.

Gennaro s'incline et se retourne pour aller distribuer l'argent aux soldats au fond du théâtre. Le duc appelle.

— Rustighello!

Rustighello paraît avec le plateau.

— Pose le plateau là, sur cette table. — Bien.

Prenant doña Lucrezia par la main.

— Madame, écoutez ce que je vais dire à cet homme. Rustighello, retourne te placer derrière cette porte avec ton épée nue à la main; si tu entends le bruit de cette clochette, tu entreras. Va.

Rustighello sort, et on le voit se replacer derrière la porte.

— Madame, vous verserez vous-même à boire au jeune homme, et vous aurez soin de verser du flacon d'or que voici.

DONA LUCREZIA, *pâle et d'une voix faible.*

Oui. — Si vous saviez ce que vous faites en ce moment, et combien c'est une chose horrible, vous frémiriez vous-même, tout dénaturé que vous êtes, monseigneur!

2

DON ALPHONSE.

Ayez soin de ne pas vous tromper de flacon.— Hé bien, capitaine?

Gennaro, qui a fini sa distribution d'argent, revient sur le devant du théâtre. Le duc se verse à boire dans une des deux coupes d'émail avec le flacon d'argent, et prend la coupe qu'il porte à ses lèvres.

GENNARO.

Je suis confus de tant de bonté, monseigneur.

DON ALPHONSE.

Madame, versez à boire au seigneur Gennaro. — Quel âge avez-vous, capitaine?

GENNARO, *saisissant l'autre coupe et la présentant à la duchesse.*

Vingt ans.

DON ALPHONSE, *bas à la duchesse, qui essaie de prendre le flacon d'argent.*

Le flacon d'or, madame!

Elle prend en tremblant le flacon d'or.

— Ah çà, vous devez être amoureux?

GENNARO.

Qui est-ce qui ne l'est pas un peu, monseigneur?

DON ALPHONSE.

Savez-vous, madame, que c'eût été une cruauté que d'enlever ce capitaine à la vie, à l'amour, au soleil d'Italie, à la beauté de son âge de vingt ans, à son glorieux métier de guerre et d'aventure par où toutes les maisons royales ont commencé, aux fêtes, aux bals masqués, aux gais carnavals de Venise, où il se trompe tant de maris, et aux belles femmes que ce jeune homme peut aimer et qui doivent aimer ce jeune homme, n'est-ce pas, madame? — Versez donc à boire au capitaine.

Bas.

— Si vous hésitez, je fais entrer Rustighello.

Elle verse à boire à Gennaro sans dire une parole.

GENNARO.

Je vous remercie, monseigneur, de me laisser vivre pour ma pauvre mère.

DONA LUCREZIA, *à part.*

Oh! horreur!

DON ALPHONSE, *buvant.*

A votre santé, capitaine Gennaro, et vivez beaucoup d'années!

GENNARO.

Monseigneur, Dieu vous le rende!

Il boit.

DONA LUCREZIA, *à part.*

Ciel!

DON ALPHONSE, *à part.*

C'est fait.

Haut.

— Sur ce, je vous quitte, mon capitaine. Vous partirez pour Venise quand vous voudrez.

Bas à doña Lucrezia.

— Remerciez-moi, madame, je vous laisse tête à tête avec lui. Vous devez avoir des adieux à lui faire. Vivez avec lui, si bon vous semble, son dernier quart d'heure.

Il sort, les gardes le suivent.

SCÈNE VI.

DONA LUCREZIA, GENNARO.

On voit toujours dans le compartiment Rustighello immobile derrière la porte masquée.

DONA LUCREZIA.

Gennaro! — Vous êtes empoisonné!

GENNARO.

Empoisonné, madame!

DONA LUCREZIA.

Empoisonné!

GENNARO.

J'aurais dû m'en douter, le vin étant versé par vous.

DONA LUCREZIA.

Oh! ne m'accablez pas, Gennaro. Ne m'ôtez pas le peu de force qui me reste et dont j'ai besoin encore pour quelques instants. — Écoutez-moi. Le duc est jaloux de vous, le duc vous croit mon amant. Le duc ne m'a laissé d'autre alternative que de vous voir poignarder devant moi par Rustighello, ou de vous verser moi-même le poison. Un poison redoutable, Gennaro, un poison dont la seule idée fait pâlir tout italien qui sait l'histoire de ces vingt dernières années...

GENNARO.

Oui, le poison des Borgia!

DONA LUCREZIA.

Vous en avez bu. Personne au monde ne connaît de contre-poison à cette composition terrible, personne, excepté le pape, monsieur de Valentinois, et moi. Tenez, voyez cette fiole que je porte toujours cachée dans ma ceinture. Cette fiole, Gennaro, c'est la vie, c'est la santé, c'est le salut. Une seule goutte sur vos lèvres, et vous êtes sauvé!

Elle veut approcher la fiole des lèvres de Gennaro, il recule.

GENNARO, *la regardant fixement.*

Madame, qui est-ce qui me dit que ce n'est pas cela qui est du poison?

DONA LUCREZIA, *tombant anéantie sur le fauteuil.*

O mon Dieu! mon Dieu!

GENNARO.

Ne vous appelez-vous pas Lucrèce Borgia? — Est-ce que vous croyez que je ne me souviens pas du frère de Bajazet? Oui, je sais un peu d'histoire! On lui fit accroire, à lui aussi, qu'il était empoisonné par Charles VIII, et on lui donna un contre-poison dont il mourut. Et la main qui lui présenta le contre-poison, la voilà, elle tient cette fiole. Et la bouche qui lui dit de le boire, la voici, elle me parle!

DONA LUCREZIA.

Misérable femme que je suis!

GENNARO.

Écoutez, madame, je ne me méprends pas à vos semblants d'amour. Vous avez quelque sinistre dessein sur moi. Cela est visible. Vous devez savoir qui je suis. Tenez, dans ce moment-ci, cela se lit sur votre visage que vous le savez, et il est aisé de voir que vous avez quelque insurmontable raison pour ne me le dire jamais. Votre famille doit connaître la mienne, et peut-être à cette heure ce n'est pas de moi que vous vous vengeriez en m'empoisonnant; mais, qui sait? de ma mère!

DONA LUCREZIA.

Votre mère, Gennaro! vous la voyez peut-être autrement qu'elle n'est. Que diriez-vous si ce n'était qu'une femme criminelle comme moi?

GENNARO.

Ne la calomniez pas. Oh non! ma mère n'est pas une femme comme vous, madame Lucrèce! Oh! je la sens dans mon cœur et je la rêve dans mon âme telle qu'elle est; j'ai son image là, née avec moi : je ne l'aimerais pas comme je l'aime si elle n'était pas digne de moi; le cœur d'un fils ne se trompe pas sur sa mère. Je la haïrais si elle pouvait vous ressembler. Mais non, non. Il y a quelque chose en moi qui me dit bien haut que ma mère n'est pas un de ces démons d'inceste, de luxure et d'empoisonnement comme vous autres, les belles femmes d'à présent. Oh Dieu! j'en suis bien sûr, s'il y a sous le ciel une femme innocente, une femme vertueuse, une femme sainte, c'est ma mère! Oh! elle est ainsi, et pas autrement! Vous la connaissez sans doute, madame Lucrèce, et vous ne me démentirez point.

DONA LUCREZIA.

Non, cette femme-là, Gennaro, cette mère-là, je ne la connais pas.

GENNARO.

Mais devant qui est-ce que je parle ainsi? Qu'est-ce que cela vous fait, à vous, Lucrèce Borgia, les joies ou les douleurs d'une mère? Vous n'avez jamais eu d'enfants, à ce qu'on dit, et vous êtes bien heureuse. Car vos enfants, si vous en aviez, savez-vous bien qu'ils vous renieraient, madame? Quel malheureux assez abandonné du ciel voudrait d'une pareille mère? Être le fils de Lucrèce Borgia! dire ma mère à Lucrèce Borgia! Oh!...

DONA LUCREZIA.

Gennaro! vous êtes empoisonné; le duc, qui vous croit mort, peut revenir à tout moment; je ne devrais songer qu'à votre salut et à votre évasion, mais vous me dites des choses si terribles que je ne puis faire autrement que de rester là, pétrifiée, à les entendre.

GENNARO.

Madame...

DONA LUCREZIA.

Voyons! Il faut en finir. Accablez-moi, écrasez-moi sous votre mépris; mais vous êtes empoisonné, buvez ceci sur-le-champ.

GENNARO.

Que dois-je croire, madame? Le duc est loyal, et j'ai sauvé la vie à son père. Vous, je vous ai offensée, vous avez à vous venger de moi.

DONA LUCREZIA.

Me venger de toi, Gennaro! — Il faudrait donner toute ma vie pour ajouter une heure à la tienne, il faudrait répandre tout mon sang pour t'empêcher de verser une larme, il faudrait m'asseoir au pilori pour te mettre sur un trône, il faudrait payer d'une torture de l'enfer chacun de tes moindres plaisirs, que je n'hésiterais pas, que je me murmurerais pas, que je serais heureuse, que je baiserais tes pieds, mon Gennaro! Oh! tu ne sauras jamais rien de mon pauvre misérable cœur, sinon qu'il est plein de toi! — Gennaro, le temps presse, le poison marche, tout à l'heure tu le sentirais, vois-tu! encore un peu, il ne serait plus temps. La vie ouvre en ce moment deux espaces obscurs devant toi, mais l'un a moins de minutes que l'autre n'a d'années. Il faut te déterminer pour l'un des deux. Le choix est terrible. Laisse-toi guider par moi. Aie pitié de toi et de moi, Gennaro. Bois vite, au nom du ciel!

GENNARO.

Allons, c'est bien. S'il y a un crime en ceci, qu'il retombe sur votre tête. Après tout, que vous disiez vrai ou non, ma vie ne vaut pas la peine d'être tant disputée. Donnez.

Il prend la fiole et boit.

DONA LUCREZIA.

Sauvé! — Maintenant il faut repartir pour Venise de toute la vitesse de ton cheval. Tu as de l'argent?

GENNARO.

J'en ai.

DONA LUCREZIA.

Le duc te croit mort. Il sera aisé de lui cacher ta fuite. Attends! Garde cette fiole et porte-la toujours sur toi. Dans des temps comme ceux où nous vivons, le poison est de tous les repas. Toi surtout, tu es exposé. Maintenant pars vite.

Lui montrant la porte masquée qu'elle entr'ouvre:

— Descends par cet escalier. Il donne dans une des cours du palais Negroni. Il te sera aisé de t'évader par là. N'attends pas jusqu'à demain matin, n'attends pas jusqu'au coucher du soleil, n'attends pas une heure, n'attends pas une demi-heure! Quitte Ferrare sur-le-champ, quitte Ferrare comme si c'était Sodome qui brûle, et ne regarde pas derrière toi! — Adieu! — Attends encore un instant. J'ai un dernier mot à te dire, mon Gennaro!

GENNARO.

Parlez, madame.

DONA LUCREZIA.

Je te dis adieu en ce moment, Gennaro, pour ne plus te revoir jamais. Il ne faut plus songer maintenant à te rencontrer quelquefois sur mon chemin. C'était le seul bonheur que j'eusse au monde. Mais ce serait risquer ta tête. Nous voilà donc pour toujours séparés dans cette vie; hélas! je ne suis que trop sûre que nous serons séparés

2.

aussi dans l'autre. Gennaro! est-ce que tu ne me diras pas quelque douce parole avant de me quitter ainsi pour l'éternité?...

GENNARO, *baissant les yeux.*
Madame...

DONA LUCREZIA.
Je viens de te sauver la vie, enfin!

GENNARO.
Vous me le dites. Tout ceci est plein de ténèbres. Je ne sais que penser. Tenez, madame, je puis tout vous pardonner, une chose exceptée.

DONA LUCREZIA.
Laquelle?

GENNARO.
Jurez-moi par tout ce qui vous est cher, par ma propre tête, puisque vous m'aimez, par le salut éternel de mon âme, jurez-moi que vos crimes ne sont pour rien dans les malheurs de ma mère.

DONA LUCREZIA.
Toutes les paroles sont sérieuses avec vous, Gennaro. Je ne puis vous jurer cela.

GENNARO.
O ma mère! ma mère! La voilà donc l'épouvantable femme qui a fait ton malheur!

DONA LUCREZIA.
Gennaro!...

GENNARO.
Vous l'avez avoué, madame! Adieu! Soyez maudite!

DONA LUCREZIA.
Et toi, Gennaro! sois béni!

Il sort. — Elle tombe évanouie sur le fauteuil.

DEUXIÈME PARTIE.

La deuxième décoration. La place de Ferrare avec le balcon ducal d'un côté et la maison de Gennaro de l'autre. — Il est nuit.

SCÈNE I.

DON ALPHONSE, RUSTIGHELLO, *enveloppés de manteaux.*

RUSTIGHELLO.
Oui, monseigneur, cela s'est passé ainsi. Avec je ne sais quel philtre elle l'a rendu à la vie, et l'a fait évader par la cour du palais Negroni.

DON ALPHONSE.
Et tu as souffert cela?

RUSTIGHELLO.
Comment l'empêcher? Elle avait verrouillé la porte. J'étais enfermé.

DON ALPHONSE.
Il fallait briser la porte.

RUSTIGHELLO.
Une porte de chêne, un verrou de fer. Chose facile!

DON ALPHONSE.
N'importe! il fallait briser le verrou, te dis-je; il fallait entrer et le tuer.

RUSTIGHELLO.
D'abord, en supposant que j'eusse pu enfoncer la porte, madame Lucrèce l'aurait couvert de son corps. Il aurait fallu tuer aussi madame Lucrèce.

DON ALPHONSE.
Hé bien? Après?

RUSTIGHELLO.
Je n'avais pas d'ordre pour elle.

DON ALPHONSE.
Rustighello! les bons serviteurs sont ceux qui comprennent les princes sans leur donner la peine de tout dire.

RUSTIGHELLO.
Et puis j'aurais craint de brouiller votre altesse avec le pape.

DON ALPHONSE.
Imbécile!

RUSTIGHELLO.
C'était bien embarrassant, monseigneur. Tuer la fille du Saint-Père!

DON ALPHONSE.
Hé bien, sans la tuer, ne pouvais-tu pas crier, appeler, m'avertir, empêcher l'amant de s'évader?

RUSTIGHELLO.
Oui, et puis le lendemain votre altesse se serait réconciliée avec madame Lucrèce, et le surlendemain madame Lucrèce m'aurait fait pendre.

DON ALPHONSE.
Assez. Tu m'as dit que rien n'était encore perdu.

RUSTIGHELLO.
Non. Vous voyez une lumière à cette fenêtre. Le Gennaro n'est pas encore parti. Son valet,

que la duchesse avait gagné, est à présent gagné par moi, et m'a tout dit. En ce moment il attend son maître derrière la citadelle avec deux chevaux sellés. Le Gennaro va sortir pour l'aller rejoindre dans un instant.

DON ALPHONSE.

En ce cas, embusquons-nous derrière l'angle de sa maison. Il est nuit noire. Nous le tuerons quand il passera.

RUSTIGHELLO.

Comme il vous plaira.

DON ALPHONSE.

Ton épée est bonne?

RUSTIGHELLO.

Oui.

DON ALPHONSE.

Tu as un poignard?

RUSTIGHELLO.

Il y a deux choses qu'il n'est pas aisé de trouver sous le ciel; c'est un italien sans poignard, et une italienne sans amant.

DON ALPHONSE.

Bien. — Tu frapperas des deux mains.

RUSTIGHELLO.

Monseigneur le duc, pourquoi ne le faites-vous pas arrêter tout simplement, et pendre par jugement du fiscal.

DON ALPHONSE.

Il est sujet de Venise, et ce serait déclarer la guerre à la république. Non. Un coup de poignard vient on ne sait d'où, et ne compromet personne. L'empoisonnement vaudrait mieux encore, mais l'empoisonnement est manqué.

RUSTIGHELLO.

Alors, voulez-vous, monseigneur, que j'aille chercher quatre sbires pour le dépêcher sans que vous ayez la peine de vous en mêler?

DON ALPHONSE.

Mon cher, le seigneur Machiavel m'a dit souvent que, dans ces cas-là, le mieux était que les princes fissent leurs affaires eux-mêmes.

RUSTIGHELLO.

Monseigneur, j'entends venir quelqu'un.

DON ALPHONSE.

Rangeons-nous le long de ce mur.

Ils se cachent dans l'ombre, sous le balcon. — Paraît Maffio en habit de fête, qui arrive en fredonnant et va frapper à la porte de Gennaro.

SCÈNE II.

DON ALPHONSE ET RUSTIGHELLO, *cachés.*
MAFFIO, GENNARO.

MAFFIO.

Gennaro!

La porte s'ouvre, Gennaro paraît.

GENNARO.

C'est toi, Maffio? Veux-tu entrer?

MAFFIO.

Non. Je n'ai que deux mots à te dire. Est-ce que décidément tu ne viens pas ce soir souper avec nous chez la princesse Negroni?

GENNARO.

Je ne suis pas convié.

MAFFIO.

Je te présenterai.

GENNARO.

Il y a une autre raison. Je dois te dire cela, à toi. Je pars.

MAFFIO.

Comment, tu pars?

GENNARO.

Dans un quart d'heure.

MAFFIO.

Pourquoi?

GENNARO.

Je te dirai cela à Venise.

MAFFIO.

Affaire d'amour?

GENNARO.

Oui, affaire d'amour.

MAFFIO.

Tu agis mal avec moi, Gennaro. Nous avions fait serment de ne jamais nous quitter, d'être inséparables, d'être frères; et voilà que tu pars sans moi!

GENNARO.

Viens avec moi!

MAFFIO.

Viens plutôt avec moi, toi! — Il vaut bien mieux passer la nuit à table avec de jolies femmes et de gais convives que sur la grande route, entre les bandits et les ravins.

GENNARO.

Tu n'étais pas très-sûr ce matin de ta princesse Negroni.

MAFFIO.

Je me suis informé. Jeppo avait raison. C'est une femme charmante et de belle humeur, et qui aime les vers et la musique, voilà tout. Allons, viens avec moi.

GENNARO.

Je ne puis.

MAFFIO.

Partir à la nuit close! Tu vas te faire assassiner.

GENNARO.

Sois tranquille. Adieu. Bien du plaisir.

MAFFIO.

Frère Gennaro, j'ai mauvaise idée de ton voyage.

GENNARO.

Frère Maffio, j'ai mauvaise idée de ton souper.

MAFFIO.

S'il allait t'arriver malheur sans que je fusse là !

GENNARO.

Qui sait si je ne me reprocherai pas demain de t'avoir quitté ce soir?

MAFFIO.

Tiens, décidément, ne nous séparons pas. Cédons quelque chose chacun de notre côté. Viens ce soir avec moi chez la Negroni, et demain, au point du jour, nous partirons ensemble. Est-ce dit?

GENNARO.

Allons, il faut que je te conte, à toi, Maffio, les motifs de mon départ subit. Tu vas juger si j'ai raison.

Il prend Maffio à part et lui parle à l'oreille.

RUSTIGHELLO, *sous le balcon, bas à don Alphonse.*

Attaquons-nous, monseigneur?

DON ALPHONSE, *bas.*

Voyons la fin de ceci.

MAFFIO, *éclatant de rire après le récit de Gennaro.*

Veux-tu que je te dise, Gennaro? Tu es dupe. Il n'y a dans toute cette affaire ni poison, ni contre-poison. Pure comédie. La Lucrèce est amoureuse éperdue de toi, et elle a voulu te faire accroire qu'elle te sauvait la vie, espérant te faire doucement glisser de la reconnaissance à l'amour. Le duc est un bonhomme, incapable d'empoisonner ou d'assassiner qui que ce soit. Tu as sauvé la vie à son père d'ailleurs, et il le sait. La duchesse veut que tu partes, c'est fort bien. Son amourette se déroulerait en effet plus commodément à Venise qu'à Ferrare. Le mari la gêne toujours un peu. Quant au souper de la princesse Negroni, il sera délicieux. Tu y viendras. Que diable! il faut cependant raisonner un peu et ne rien s'exagérer. Tu sais que je suis prudent, moi, et de bon conseil. Parce qu'il y a eu deux ou trois soupers fameux où les Borgia ont empoisonné, avec de fort bon vin, quelques-uns de leurs meilleurs amis, ce n'est pas une raison pour ne plus souper du tout. Ce n'est pas une raison pour voir toujours du poison dans l'admirable vin de Syracuse et derrière toutes les belles princesses de l'Italie Lucrèce Borgia. Spectres et balivernes que tout cela! A ce compte, il n'y aurait que les enfants à la mamelle qui seraient sûrs de ce qu'ils boivent, et qui pourraient souper sans inquiétude. Par Hercule, Gennaro! sois enfant ou sois homme. Retourne te mettre en nourrice ou viens souper.

GENNARO.

Au fait, cela a quelque chose d'étrange de se sauver ainsi la nuit. J'ai l'air d'un homme qui a peur. D'ailleurs, s'il y a du danger à rester, je ne dois pas y laisser Maffio tout seul. Il en sera ce qui pourra. C'est une chance comme une autre. C'est dit. Tu me présenteras à la princesse Negroni. Je vais avec toi.

MAFFIO, *lui prenant la main.*

Vrai Dieu! voilà un ami!

Ils sortent. On les voit s'éloigner vers le fond de la place. Don Alphonse et Rustighello sortent de leur cachette.

RUSTIGHELLO, *l'épée nue.*

Hé bien, qu'attendez-vous, monseigneur? Ils ne sont que deux. Chargez-vous de votre homme. Je me charge de l'autre.

DON ALPHONSE.

Non, Rustighello. Ils vont souper chez la princesse Negroni. Si je suis bien informé...

Il s'interrompt et paraît rêver un instant.

Éclatant de rire.

—Pardieu! cela ferait encore mieux mon affaire, et ce serait une plaisante aventure. Attendons à demain.

Ils rentrent au palais.

ACTE TROISIÈME.

Une salle magnifique du palais Negroni. A droite, une porte bâtarde. Au fond, une grande et très-large porte à deux battants. Au milieu, une table superbement servie à la mode du quinzième siècle. De petits pages noirs, vêtus de brocart d'or, circulent à l'entour. — Au moment où la toile se lève, il y a quatorze convives à table, Jeppo, Maffio, Ascanio, Oloferno, Apostolo, Gennaro et Gubetta, et sept jeunes femmes, jolies et très-galamment parées. Tous boivent ou mangent, ou rient à gorge déployée avec leurs voisines, excepté Gennaro qui paraît pensif et silencieux.

SCÈNE I.

JEPPO, MAFFIO, ASCANIO, OLOFERNO, DON APOSTOLO, GUBETTA, GENNARO, DES FEMMES, DES PAGES.

OLOFERNO, *son verre à la main.*

Vive le vin de Xérès! Xérès de la Frontera est une ville du paradis.

MAFFIO, *son verre à la main.*

Le vin que nous buvons vaut mieux que les histoires que vous nous contez, Jeppo.

ASCANIO.

Jeppo a la maladie de conter des histoires quand il a bu.

DON APOSTOLO.

L'autre jour c'était à Venise, chez le sérénissime doge Barbarigo; aujourd'hui, c'est à Ferrare, chez la divine princesse Negroni.

JEPPO.

L'autre jour, c'était une histoire lugubre; aujourd'hui, c'est une histoire gaie.

MAFFIO.

Une histoire gaie, Jeppo! Comment il advint que don Siliceo, beau cavalier de trente ans, qui avait perdu son patrimoine au jeu, épousa la très-riche marquise Calpurnia, qui comptait quarante-huit printemps. Par le corps de Bacchus! vous trouvez cela gai!

GUBETTA.

C'est triste et commun. Un homme ruiné, qui épouse une femme en ruine. Chose qui se voit tous les jours.

Il se met à manger. De temps en temps, quelques-uns se lèvent de table et viennent causer sur le devant de la scène pendant que l'orgie continue.

LA PRINCESSE NEGRONI, *à Maffio, montrant Gennaro.*

Monsieur le comte Orsini, vous avez là un ami qui me paraît bien triste.

MAFFIO.

Il est toujours ainsi, madame. Il faut que vous me pardonniez de l'avoir amené sans que vous lui eussiez fait la grâce de l'inviter. C'est mon frère d'armes. Il m'a sauvé la vie à l'assaut de Rimini. J'ai reçu à l'attaque du pont de Vicence un coup d'épée qui lui était destiné. Nous ne nous séparons jamais. Nous vivons ensemble. Un bohémien nous a prédit que nous mourrions le même jour.

LA NEGRONI, *riant.*

Vous a-t-il dit si ce serait le soir ou le matin?

MAFFIO.

Il nous a dit que ce serait le matin.

LA NEGRONI, *riant plus fort.*

Votre bohémien ne savait ce qu'il disait. — Et vous aimez bien ce jeune homme?

MAFFIO.

Autant qu'un homme peut en aimer un autre.

LA NEGRONI.

Eh bien! vous vous suffisez l'un à l'autre. Vous êtes heureux.

MAFFIO.

L'amitié ne remplit pas tout le cœur, madame.

LA NEGRONI.

Mon Dieu! qu'est-ce qui remplit tout le cœur?

MAFFIO.

L'amour.

LA NEGRONI.

Vous avez toujours l'amour à la bouche.

MAFFIO.

Et vous dans les yeux.

LA NEGRONI.

Êtes-vous singulier!

MAFFIO.

Êtes-vous belle!

Il lui prend la taille.

LA NEGRONI.

Monsieur le comte Orsini, laissez-moi!

MAFFIO.

Un baiser sur votre main?

LA NEGRONI.

Non!

Elle lui échappe.

GUBETTA, *abordant Maffio.*

Vos affaires sont en bon train près de la princesse.

MAFFIO.

Elle me dit toujours non.

GUBETTA.

Dans la bouche d'une femme Non n'est que le frère aîné de Oui.

JEPPO, *survenant, à Maffio.*

Comment trouves-tu madame la princesse Negroni?

MAFFIO.

Adorable. Entre nous, elle commence à m'égratigner furieusement le cœur.

JEPPO.

Et son souper?

MAFFIO.

Une orgie parfaite.

JEPPO.

La princesse est veuve.

MAFFIO.

On le voit bien à sa gaieté!

JEPPO.

J'espère que tu ne te défies plus de son souper?

MAFFIO.

Moi! Comment donc! J'étais fou.

JEPPO, *à Gubetta*.

Monsieur de Belverana, vous ne croiriez pas que Maffio avait peur de venir souper chez la princesse?

GUBETTA.

Peur. — Pourquoi?

JEPPO.

Parce que le palais Negroni touche au palais Borgia.

GUBETTA.

Au diable les Borgia! — et buvons!

JEPPO, *bas à Maffio*.

Ce que j'aime dans ce Belverana, c'est qu'il n'aime pas les Borgia.

MAFFIO, *bas*.

En effet, il ne manque jamais une occasion de les envoyer au diable avec une grâce toute particulière. Cependant, mon cher Jeppo...

JEPPO.

Eh bien!

MAFFIO.

Je l'observe depuis le commencement du souper, ce prétendu espagnol. Il n'a encore bu que de l'eau.

JEPPO.

Voilà tes soupçons qui te reprennent, mon bon ami Maffio. Tu as le vin étrangement monotone.

MAFFIO.

Peut-être as-tu raison. Je suis fou.

GUBETTA, *revenant et regardant Maffio de la tête aux pieds*.

Savez-vous, monsieur Maffio, que vous êtes taillé pour vivre quatre-vingt-dix ans, et que vous ressemblez à un mien grand-père, qui a vécu cet âge, et qui s'appelait comme moi Gil-Basilio-Fernan-Ireneo-Felipe-Frasco-Frasquito comte de Belverana?

JEPPO, *bas à Maffio*.

J'espère que tu ne doutes plus de sa qualité d'espagnol. Il a au moins vingt noms de baptême. — Quelle litanie, monsieur de Belverana!

GUBETTA.

Hélas! nos parents ont coutume de nous donner plus de noms à notre baptême que d'écus à notre mariage. Mais qu'ont-ils donc à rire là-bas?

A part.

— Il faut pourtant que les femmes aient un prétexte pour s'en aller. Comment faire?

Il retourne s'asseoir à table.

OLOFERNO, *buvant*.

Par Hercule! messieurs! je n'ai jamais passé soirée plus délicieuse. Mesdames, goûtez de ce vin. Il est plus doux que le vin de Lacryma-Christi, et plus ardent que le vin de Chypre. C'est du vin de Syracuse, messeigneurs!

GUBETTA, *mangeant*.

Oloferno est ivre, à ce qu'il paraît.

OLOFERNO.

Mesdames, il faut que je vous dise quelques vers que je viens de faire. Je voudrais être plus poète que je ne le suis pour célébrer d'aussi admirables festins.

GUBETTA.

Et moi je voudrais être plus riche que je n'ai l'honneur de l'être pour en donner de pareils à mes amis.

OLOFERNO.

Rien n'est si doux que de chanter une belle femme et un bon repas.

GUBETTA.

Si ce n'est d'embrasser l'une et de manger l'autre.

OLOFERNO.

Oui, je voudrais être poète. Je voudrais pouvoir m'élever au ciel. Je voudrais avoir deux ailes.....

GUBETTA.

De faisan dans mon assiette.

OLOFERNO.

Je vais pourtant vous dire mon sonnet.

GUBETTA.

Par le diable, monsieur le marquis Oloferno Vitellozzo! je vous dispense de nous dire votre sonnet. Laissez-nous boire.

OLOFERNO.

Vous me dispensez de vous dire mon sonnet?

GUBETTA.

Comme je dispense les chiens de me mordre, le pape de me bénir, et les passants de me jeter des pierres.

OLOFERNO.

Tête-dieu! vous m'insultez, je crois, monsieur le petit espagnol.

GUBETTA.

Je ne vous insulte pas, grand colosse d'italien que vous êtes. Je refuse mon attention à votre sonnet. Rien de plus. Mon gosier a plus soif de vin de Chypre que mes oreilles de poésie.

OLOFERNO.

Vos oreilles, monsieur le castillan râpé, je vous les clouerai sur les talons!

GUBETTA.

Vous êtes un absurde bélître! Fi! A-t-on jamais vu lourdaud pareil? s'enivrer de vin de Syracuse, et avoir l'air de s'être soûlé avec de la bière!

OLOFERNO.

Savez-vous bien que je vous couperai en quatre, par la mort-dieu!

GUBETTA, *tout en découpant un faisan.*

Je ne vous en dirai pas autant. Je ne découpe pas d'aussi grosses volailles que vous. — Mesdames, vous offrirai-je de ce faisan?

OLOFERNO, *se jetant sur un couteau.*

Pardieu! j'éventrerai ce faquin, fût-il plus gentilhomme que l'empereur!

LES FEMMES, *se levant de table.*

Ciel! ils vont se battre!

LES HOMMES.

Tout beau, Oloferno!

Ils désarment Oloferno qui veut se jeter sur Gubetta. Pendant ce temps-là, les femmes disparaissent par la porte latérale.

OLOFERNO, *se débattant.*

Corps-dieu!

GUBETTA.

Vous rimez si richement en Dieu, mon cher poète, que vous avez mis ces dames en fuite. Vous êtes un fier maladroit.

JEPPO.

C'est vrai, cela. Que diable sont-elles devenues?

MAFFIO.

Elles ont eu peur. Couteau qui luit, femme qui fuit.

ASCANIO.

Bah! elles vont revenir.

OLOFERNO, *menaçant Gubetta.*

Je te retrouverai demain, mon petit Belverana du démon!

GUBETTA.

Demain, tant qu'il vous plaira!

Oloferno va se rasseoir en chancelant avec dépit. Gubetta éclate de rire.

— Cet imbécile! Mettre en déroute les plus jolies femmes de Ferrare avec un couteau emmanché dans un sonnet! Se fâcher à propos de vers! Je le crois bien qu'il a des ailes. Ce n'est pas un homme, c'est un oison. Cela perche, cela doit dormir sur une patte, cet Oloferno-là!

JEPPO.

Là, là, faites la paix, messieurs. Vous vous couperez galamment la gorge demain matin. Par Jupiter, vous vous battrez du moins en gentilshommes, avec des épées, et non avec des couteaux.

ASCANIO.

A propos, au fait, qu'avons-nous donc fait de nos épées?

DON APOSTOLO.

Vous oubliez qu'on nous les a fait quitter dans l'antichambre.

GUBETTA.

Et la précaution était bonne, car autrement nous nous serions battus devant les dames; ce dont rougiraient des Flamands de Flandre ivres de tabac!

GENNARO.

Bonne précaution, en effet!

MAFFIO.

Pardieu, mon frère Gennaro! voilà la première parole que tu dis depuis le commencement du souper, et tu ne bois pas! Est-ce que tu songes à Lucrèce Borgia? Gennaro! tu as décidément quelque amourette avec elle! Ne dis pas non.

GENNARO.

Verse-moi à boire, Maffio! Je n'abandonne pas plus mes amis à table qu'au feu.

UN PAGE NOIR, *deux flacons à la main.*

Messeigneurs, du vin de Chypre ou du vin de Syracuse?

MAFFIO.

Du vin de Syracuse. C'est le meilleur.

Le page noir remplit tous les verres.

JEPPO.

La peste soit d'Oloferno! Est-ce que ces dames ne vont pas revenir?

Il va successivement aux deux portes.

— Les portes sont fermées en dehors, messieurs!

MAFFIO.

N'allez-vous pas avoir peur à votre tour, Jeppo? Elles ne veulent pas que nous les poursuivions. C'est tout simple.

GENNARO.

Buvons, messeigneurs.

Ils choquent leurs verres.

MAFFIO.

A ta santé, Gennaro! et puisses-tu bientôt retrouver ta mère!

GENNARO.

Que Dieu t'entende!

Tous boivent, excepté Gubetta, qui jette son vin par-dessus son épaule.

MAFFIO, *bas à Jeppo.*

Pour le coup, Jeppo, je l'ai bien vu.

JEPPO, *bas.*

Quoi?

MAFFIO.

L'espagnol n'a pas bu.

JEPPO.

Eh bien?

MAFFIO.

Il a jeté son vin par-dessus son épaule.

JEPPO.

Il est ivre, et toi aussi.

MAFFIO.

C'est possible.

GUBETTA.

Une chanson à boire, messieurs ! je vais vous chanter une chanson à boire qui vaudra mieux que le sonnet du marquis Oloferno. Je jure par le bon vieux crâne de mon père que ce n'est pas moi qui ai fait cette chanson, attendu que je ne suis pas poète, et que je n'ai point l'esprit assez galant pour faire se becqueter deux rimes au bout d'une idée. Voici ma chanson. Elle est adressée à monsieur saint Pierre, célèbre portier du paradis, et elle a pour sujet cette pensée délicate que le ciel du bon Dieu appartient aux buveurs.

JEPPO, *bas à Maffio.*

Il est plus qu'ivre, il est ivrogne.

TOUS, *excepté Gennaro.*

La chanson ! la chanson !

GUBETTA, *chantant.*

Saint Pierre, ouvre ta porte
Au buveur qui t'apporte
Une voix pleine et forte
Pour chanter : *Domino !*

TOUS *en chœur, excepté Gennaro.*
Gloria Domino !

Ils choquent leurs verres en riant aux éclats. Tout à coup on entend des voix éloignées qui chantent sur un ton lugubre.

VOIX *au dehors.*

Sanctum et terribile nomen ejus. Initium sapientiæ timor Domini.

JEPPO, *riant de plus belle.*

Écoutez, messieurs ! — Corbacque ! pendant que nous chantons à boire, l'écho chante vêpres.

TOUS.

Écoutons.

VOIX *au dehors, un peu plus rapprochées.*

Nisi Dominus custodierit civitatem, frustra vigilat qui custodit eam.

Tous éclatent de rire.

JEPPO.

Du plain-chant tout pur.

MAFFIO.

Quelque procession qui passe.

GENNARO.

A minuit ! C'est un peu tard.

JEPPO.

Bah ! continuez, monsieur de Belverana.

VOIX *au dehors, qui se rapprochent de plus en plus.*

Oculos habent, et non videbunt. Nares habent, et non odorabunt. Aures habent, et non audient.

Tous rient de plus en plus fort.

JEPPO.

Sont-ils braillards, ces moines !

MAFFIO.

Regarde donc, Gennaro. Les lampes s'éteignent ici. Nous voici tout à l'heure dans l'obscurité.

Les lampes pâlissent en effet, comme n'ayant plus d'huile.

VOIX *au dehors, plus près.*

Manus habent, et non palpabunt; pedes habent, et non ambulabunt; non clamabunt in gutture suo.

GENNARO.

Il me semble que les voix se rapprochent.

JEPPO.

La procession me fait l'effet d'être en ce moment sous nos fenêtres.

MAFFIO.

Ce sont les prières des morts.

ASCANIO.

C'est quelque enterrement.

JEPPO.

Buvons à la santé de celui qu'on va enterrer.

GUBETTA.

Savez-vous s'il n'y en a pas plusieurs ?

JEPPO.

Hé bien, à la santé de tous !

APOSTOLO, *à Gubetta.*

Bravo ! — Et continuons de notre côté notre invocation à saint Pierre.

GUBETTA.

Parlez donc plus poliment. On dit : A monsieur saint Pierre, honorable huissier et guichetier patenté du paradis.

Il chante.

Saint Pierre, ouvre ta porte
Au buveur qui t'apporte
Une voix pleine et forte
Pour chanter : *Domino !*

TOUS.

Gloria Domino !

GUBETTA.

Au buveur, joyeux chantre,
Qui porte un si gros ventre
Qu'on doute, lorsqu'il entre,
S'il est homme ou tonneau.

TOUS, *en choquant leurs verres avec des éclats de rire.*

Gloria Domino !

La grande porte du fond s'ouvre silencieusement dans toute sa largeur. On voit au dehors une vaste salle tapissée en noir, éclairée de quelques flambeaux, avec une grande croix d'argent au fond. Une longue file de pénitents blancs et noirs dont on ne voit que les yeux par les trous de leurs cagoules, croix en tête et torche en main, entre par la grande porte en chantant d'un accent sinistre et d'une voix haute :

De profundis clamavi ad te, Domine !

Puis ils viennent se ranger en silence des deux côtés de

la salle, et y restent immobiles comme des statues, pendant que les jeunes gentilshommes les regardent avec stupeur.

MAFFIO.

Qu'est-ce que cela veut dire?

JEPPO, *s'efforçant de rire.*

C'est une plaisanterie. Je gage mon cheval contre un pourceau, et mon nom de Liveretto contre le nom de Borgia, que ce sont nos charmantes comtesses qui se sont déguisées de cette façon pour nous éprouver, et que, si nous levons une de ces cagoules au hasard, nous trouverons dessous la figure fraîche et malicieuse d'une jolie femme. — Voyez plutôt.

Il va soulever en riant un des capuchons, et il reste pétrifié en voyant dessous le visage livide d'un moine qui demeure immobile, la torche à la main et les yeux baissés. Il laisse tomber le capuchon et recule.

— Ceci commence à devenir étrange!

MAFFIO.

Je ne sais pourquoi mon sang se fige dans mes veines.

LES PÉNITENTS, *chantant d'une voix éclatante.*

Conquassabit capita in terra multorum!

JEPPO.

Quel piége affreux! Nos épées, nos épées! Ah çà, messieurs, nous sommes chez le démon ici.

SCÈNE II.

LES MÊMES, DONA LUCREZIA.

DONA LUCREZIA, *paraissant tout à coup, vêtue de noir, au seuil de la porte.*

Vous êtes chez moi!

TOUS, *excepté Gennaro qui observe tout dans un coin du théâtre où dona Lucrezia ne le voit pas.*

Lucrèce Borgia!

DONA LUCREZIA.

Il y a quelques jours, tous, les mêmes qui êtes ici, vous disiez ce nom avec triomphe. Vous le dites aujourd'hui avec épouvante. Oui, vous pouvez me regarder avec vos yeux fixes de terreur. C'est bien moi, messieurs. Je viens vous annoncer une nouvelle, c'est que vous êtes tous empoisonnés, messeigneurs, et qu'il n'y en a pas un de vous qui ait encore une heure à vivre. Ne bougez pas. La salle d'à côté est pleine de piques. A mon tour maintenant, à moi de parler haut et de vous écraser la tête du talon! Jeppo Liveretto, va rejoindre ton oncle Vitelli que j'ai fait poignarder dans les caves du Vatican! Ascanio Petrucci, va retrouver ton cousin Pandolfo, que j'ai assassiné pour lui voler sa ville! Oloferno Vitellozzo, ton oncle t'attend, tu sais bien, Iago d'Appiani, que j'ai empoisonné dans une fête! Maffio Orsini, va parler de moi dans l'autre monde à ton frère de Gravina, que j'ai fait étrangler dans son sommeil! Apostolo Gazella, j'ai fait décapiter ton père Francisco Gazella, j'ai fait égorger ton cousin Alphonse d'Aragon, dis-tu; va les rejoindre! — Sur mon âme! vous m'avez donné un bal à Venise, je vous rends un souper à Ferrare. Fête pour fête, messeigneurs!

JEPPO.

Voilà un rude réveil, Maffio!

MAFFIO.

Songeons à Dieu!

DONA LUCREZIA.

Ah! mes jeunes amis du carnaval dernier! vous ne vous attendiez pas à cela? Pardieu! il me semble que je me venge. Qu'en dites-vous, messieurs! Qui est-ce qui s'y connaît en vengeance ici? Ceci n'est point mal, je crois! — Hein? qu'en pensez-vous? pour une femme!

Aux moines.

— Mes pères, emmenez ces gentilshommes dans la salle voisine qui est préparée, confessez-les, et profitez du peu d'instants qui leur restent pour sauver ce qui peut être encore sauvé de chacun d'eux. — Messieurs, que ceux d'entre vous qui ont des âmes y avisent. Soyez tranquilles. Elles sont en bonnes mains. Ces dignes pères sont des moines réguliers de Saint-Sixte, auxquels notre Saint-Père le pape a permis de m'assister dans des occasions comme celle-ci. — Et si j'ai eu soin de vos âmes, j'ai eu soin aussi de vos corps. Tenez!

Aux moines qui sont devant la porte du fond.

— Rangez-vous un peu, mes pères, que ces messieurs voient.

Les moines s'écartent et laissent voir cinq cercueils couverts chacun d'un drap noir rangés devant la porte.

— Le nombre y est. Il y en a bien cinq. — Ah! jeunes gens! vous arrachez les entrailles à une malheureuse femme, et vous croyez qu'elle ne se vengera pas! Voici le tien, Jeppo. Maffio, voici le tien. Oloferno, Apostolo, Ascanio, voici les vôtres!

GENNARO, *qu'elle n'a pas vu jusqu'alors, faisant un pas.*

Il en faut un sixième, madame!

DONA LUCREZIA.

Ciel! Gennaro!

GENNARO.

Lui-même.

DONA LUCREZIA.

Que tout le monde sorte d'ici. — Qu'on nous laisse seuls. — Gubetta, quoi qu'il arrive, quoi qu'on puisse entendre du dehors de ce qui va se passer ici, que personne n'y entre!

GUBETTA.

Il suffit.

Les moines ressortent processionnellement, emmenant avec eux dans leurs files les cinq seigneurs chancelants et éperdus.

SCÈNE III.

GENNARO, DONA LUCREZIA.

Il y a à peine quelques lampes mourantes dans l'appartement. Les portes sont refermées. Dona Lucrezia et Gennaro, restés seuls, s'entre-regardent quelques instants en silence, comme ne sachant par où commencer.

DONA LUCREZIA, *se parlant à elle-même.*

C'est Gennaro !

CHANT DES MOINES *au dehors.*

Nisi Dominus œdificaverit domum, in vanum laborant qui œdificant eam.

DONA LUCREZIA.

Encore vous, Gennaro ! Toujours vous sous tous les coups que je frappe ! Dieu du ciel ! comment vous êtes-vous mêlé à ceci ?

GENNARO.

Je me doutais de tout.

DONA LUCREZIA.

Vous êtes empoisonné encore une fois. Vous allez mourir !

GENNARO.

Si je veux. — J'ai le contre-poison.

DONA LUCREZIA.

Ah oui ! Dieu soit loué !

GENNARO.

Un mot, madame. Vous êtes experte en ces matières. Y a-t-il assez d'élixir dans cette fiole pour sauver les gentilshommes que vos moines viennent d'entraîner dans ce tombeau ?

DONA LUCREZIA, *examinant la fiole.*

Il y en a à peine assez pour vous, Gennaro !

GENNARO.

Vous ne pouvez pas en avoir d'autre sur-le-champ ?

DONA LUCREZIA.

Je vous ai donné tout ce que j'avais.

GENNARO.

C'est bien.

DONA LUCREZIA.

Que faites-vous, Gennaro ? Dépêchez-vous donc. Ne jouez pas avec des choses si terribles. On n'a jamais assez tôt bu un contre-poison. Buvez, au nom du ciel ! Mon Dieu ! quelle imprudence vous avez faite là ! Mettez votre vie en sûreté. Je vous ferai sortir du palais par une porte dérobée que je connais. Tout peut se réparer encore. Il est nuit. Des chevaux seront bientôt sellés. Demain matin vous serez loin de Ferrare. N'est-ce pas qu'il s'y fait des choses qui vous épouvantent ? Buvez, et partons. Il faut vivre ! il faut vous sauver !

GENNARO, *prenant un couteau sur la table.*

C'est-à-dire que vous allez mourir, madame !

DONA LUCREZIA.

Comment ! Que dites-vous ?

GENNARO.

Je dis que vous venez d'empoisonner traîtreusement cinq gentilshommes, mes amis, mes meilleurs amis, par le ciel ! et parmi eux, Maffio Orsini, mon frère d'armes, qui m'avait sauvé la vie à Vicence, et avec qui toute injure et toute vengeance m'est commune. Je dis que c'est une action infâme que vous avez faite là, qu'il faut que je venge Maffio et les autres, et que vous allez mourir !

DONA LUCREZIA.

Terre et cieux !

GENNARO.

Faites votre prière, et faites-là courte, madame. Je suis empoisonné. Je n'ai pas le temps d'attendre.

DONA LUCREZIA.

Bah ! cela ne se peut. Ah bien oui, Gennaro me tuer ! Est-ce que cela est possible ?

GENNARO.

C'est la réalité pure, madame, et je jure Dieu qu'à votre place je me mettrais à prier en silence, à mains jointes et à deux genoux. — Tenez, voici un fauteuil qui est bon pour cela.

DONA LUCREZIA.

Non. Je vous dis que c'est impossible. Non, parmi les plus terribles idées qui me traversent l'esprit, jamais celle-ci ne me serait venue. — Hé bien, hé bien ! vous levez le couteau ! Attendez ! Gennaro ! J'ai quelque chose à vous dire !

GENNARO.

Vite.

DONA LUCREZIA.

Jette ton couteau, malheureux ! Jette-le, te dis-je ! Si tu savais... — Gennaro ! Sais-tu qui tu es ? Sais-tu qui je suis ? Tu ignores combien je te tiens de près ! Faut-il tout lui dire ? Le même sang coule dans nos veines, Gennaro ! Tu as eu pour père Jean Borgia, duc de Gandia !

GENNARO.

Votre frère ! Ah ! vous êtes ma tante ! Ah ! madame !

DONA LUCREZIA, *à part.*

Sa tante !

GENNARO.

Ah ! je suis votre neveu ! Ah ! c'est ma mère, cette infortunée duchesse de Gandia, que tous les Borgia ont rendue si malheureuse ! Madame Lucrèce, ma mère me parle de vous dans ses lettres. Vous êtes du nombre de ces parents dénaturés dont elle m'entretient avec horreur, et qui ont tué mon père, et qui ont noyé sa destinée, à elle, de larmes et de sang. Ah ! j'ai de plus mon père à venger, ma mère à sauver de vous maintenant ! Ah ! vous êtes ma tante ! je suis un Borgia ! Oh ! cela me rend fou ! — Écoutez-moi, dona Lucrezia Borgia, vous avez vécu long-temps, et vous êtes si couverte d'attentats que vous devez en être devenue odieuse et abominable à vous-même. Vous êtes fatiguée de vivre, sans nul doute, n'est-ce pas ? Eh bien, il faut en finir. Dans les familles comme les nôtres, où le crime est héréditaire et se transmet de père en fils comme le nom, il arrive toujours que cette fatalité se clôt par un meurtre, qui est d'ordinaire un meurtre de famille, dernier crime qui lave tous les autres. Un gentilhomme n'a jamais été blâmé pour avoir coupé une mauvaise branche à l'arbre de sa maison. L'espagnol Mudarra a tué son oncle Rodrigue de Lara pour moins que vous n'avez fait. Cet espagnol a été loué de tous pour avoir tué son oncle, entendez-vous, ma tante? — Allons! en voilà assez de dit là-dessus! Recommandez votre âme à Dieu, si vous croyez à Dieu et à votre âme.

DONA LUCREZIA.

Gennaro! par pitié pour toi! Tu es innocent encore! Ne commets pas ce crime!

GENNARO.

Un crime! Oh! ma tête s'égare et se bouleverse! Sera-ce un crime? Eh bien! quand je commettrais un crime! Pardieu! je suis un Borgia, moi! A genoux, vous dis-je! ma tante! A genoux!

DONA LUCREZIA.

Dis-tu en effet ce que tu penses, mon Gennaro? Est-ce ainsi que tu payes mon amour pour toi?

GENNARO.

Amour!...

DONA LUCREZIA.

C'est impossible. Je veux te sauver de toi-même. Je vais appeler. Je vais crier.

GENNARO.

Vous n'ouvrirez point cette porte. Vous ne ferez point un pas. Et, quant à vos cris, ils ne peuvent vous sauver. Ne venez-vous pas d'ordonner vous-même tout à l'heure que personne n'entrât, quoi qu'on pût entendre au dehors de ce qui va se passer ici?

DONA LUCREZIA.

Mais c'est lâche ce que vous faites là, Gennaro! Tuer une femme, une femme sans défense! Oh! vous avez de plus nobles sentiments que cela dans l'âme! Écoute-moi, tu me tueras après si tu veux; je ne tiens pas à la vie, mais il faut bien que ma poitrine déborde, elle est pleine d'angoisses de la manière dont tu m'as traitée jusqu'à présent. Tu es jeune, enfant, et la jeunesse est toujours trop sévère. Oh! si je dois mourir, je ne veux pas mourir de ta main. Cela n'est pas possible, vois-tu, que je meure de ta main. Tu ne sais pas toi-même à quel point cela serait horrible. D'ailleurs, Gennaro, mon heure n'est pas encore venue. C'est vrai, j'ai commis bien des actions mauvaises, je suis une grande criminelle; et c'est parce que je suis une grande criminelle qu'il faut me laisser le temps de me reconnaître et de me repentir. Il le faut absolument, entends-tu, Gennaro?

GENNARO.

Vous êtes ma tante. Vous êtes la sœur de mon père. Qu'avez-vous fait de ma mère, madame Lucrèce Borgia?

DONA LUCREZIA.

Attends, attends! Mon Dieu, je ne puis tout dire. Et puis, si je te disais tout, je ne ferais peut-être que redoubler ton horreur et ton mépris pour moi! Écoute-moi encore un instant. Oh! que je voudrais bien que tu me reçusses repentante à tes pieds! Tu me feras grâce de la vie, n'est-ce pas? Eh bien, veux-tu que je prenne le voile? Veux-tu que je m'enferme dans un cloître, dis? Voyons, si l'on te disait: Cette malheureuse femme s'est fait raser la tête, elle couche dans la cendre, elle creuse sa fosse de ses mains, elle prie Dieu nuit et jour, non pour elle, qui en aurait besoin cependant, mais pour toi, qui peux t'en passer; elle fait tout cela, cette femme, pour que tu abaisses un jour sur sa tête un regard de miséricorde, pour que tu laisses tomber une larme sur toutes les plaies vives de son cœur et de son âme, pour que tu ne lui dises plus comme tu viens de le faire avec cette voix plus sévère que celle du jugement dernier: Vous êtes Lucrèce Borgia! Si l'on te disait cela, Gennaro, est-ce que tu aurais le cœur de la repousser? Oh! grâce! Ne me tue pas, mon Gennaro! Vivons tous les deux, toi pour me pardonner, moi pour me repentir! Aie quelque compassion de moi! Enfin cela ne sert à rien de traiter sans miséricorde une pauvre misérable femme qui ne demande qu'un peu de pitié! — Un peu de pitié! Grâce de la vie! — Et puis, vois-tu bien, mon Gennaro, je te le dis pour toi, ce serait vraiment lâche ce que tu ferais là, ce serait un crime affreux, un assassinat! Un homme tuer une femme! Un homme qui est le plus fort! Oh! tu ne voudras pas! tu ne voudras pas!

GENNARO, *ébranlé*.

Madame...

DONA LUCREZIA.

Oh! je le vois bien, j'ai ma grâce. Cela se lit dans tes yeux. Oh! laisse-moi pleurer à tes pieds!

UNE VOIX *au dehors*.

Gennaro!

GENNARO.

Qui m'appelle?

LA VOIX.

Mon frère Gennaro!

GENNARO.

C'est Maffio!

LA VOIX.

Gennaro! Je meurs! Venge-moi!

GENNARO, *relevant le couteau*.

C'est dit. Je n'écoute plus rien. Vous l'entendez, madame, il faut mourir!

DONA LUCREZIA, *se débattant et lui retenant le bras*.

Grâce! grâce! Encore un mot!

GENNARO.

Non!

DONA LUCREZIA.
Pardon! Écoute-moi!
GENNARO.
Non.
DONA LUCREZIA.
Au nom du ciel!

GENNARO.
Non!
Il la frappe.
DONA LUCREZIA.
Ah!... tu m'as tuée! — Gennaro! je suis ta mère!

FIN.

Paris, imprimé par Plon frères, 36, rue de Vaugirard.

OEUVRES COMPLÈTES
DE VICTOR HUGO,
DE L'ACADÉMIE FRANÇAISE.

NOUVELLE ÉDITION ORNÉE DE 35 MAGNIFIQUES GRAVURES SUR ACIER, EXÉCUTÉES PAR NOS MEILLEURS ARTISTES.
23 VOLUMES IN-8°, SUR PAPIER CARRÉ SUPERFIN SATINÉ, 77 FR.

On peut acheter séparément chaque ouvrage et chaque pièce de théâtre.

POÉSIES, 7 VOLUMES.

ODES ET BALLADES, 2 volumes.	5	»
LES ORIENTALES, 1 volume.	3	»
LES FEUILLES D'AUTOMNE, 1 volume.	3	»
LES CHANTS DU CRÉPUSCULE, 1 volume.	3	»
LES VOIX INTÉRIEURES, 1 volume.	3	»
LES RAYONS ET LES OMBRES, 1 volume.	3	»

ROMANS, 7 VOLUMES.

NOTRE-DAME DE PARIS, 3 volumes.	10	50
HAN D'ISLANDE, 2 volumes.	5	»
BUG-JARGAL, 1 volume.	3	»
LE DERNIER JOUR D'UN CONDAMNÉ, 1 volume.	3	»

THÉATRE, 5 VOLUMES.

	CROMWELL, 2 volumes.	4	»
	HERNANI.	2	»
1 volume.	MARION DE LORME.	2	»
	LE ROI S'AMUSE.	2	»
	LUCRÈCE BORGIA.	2	»
1 volume.	MARIE TUDOR.	2	»
	ANGELO, TYRAN DE PADOUE.	2	»
1 volume.	RUY BLAS.	2	»
	LES BURGRAVES.	2	»

ŒUVRES DIVERSES.

LITTÉRATURE ET PHILOSOPHIE MÊLÉES, 2 volumes.	5	»
LE RHIN, 4 volumes.	20	»

CHEZ MICHAUD, LIBRAIRE, 2, BOULEVARD SAINT-MARTIN,
ET AU SIÉGE DE LA SOCIÉTÉ, 49, RUE M. LE PRINCE.

Paris. — Imprimé par Plon frères, rue de Vaugirard, 36.

www.ingramcontent.com/pod-product-compliance
Lightning Source LLC
Chambersburg PA
CBHW060619050426
42451CB00012B/2336